U0033865

吳墉祥在台日記

（1953）

The Diaries of Wu Yung-hsiang at Taiwan, 1953

民國日記｜總序

呂芳上
民國歷史文化學社社長

人是歷史的主體，人性是歷史的內涵。「人事有代謝，往來成古今」（孟浩然），瞭解活生生的「人」，才較能掌握歷史的真相；愈是貼近「人性」的思考，才愈能體會歷史的本質。近代歷史的特色之一是資料閎富而駁雜，由當事人主導、製作而形成的資料，以自傳、回憶錄、口述訪問、函札及日記最為重要，其中日記的完成最即時，描述較能顯現內在的幽微，最受史家重視。

日記本是個人記述每天所見聞、所感思、所作為有選擇的紀錄，雖不必能反映史事整體或各個部分的所有細節，但可以掌握史實發展的一定脈絡。尤其個人日記一方面透露個人單獨親歷之事，補足歷史原貌的闕漏；一方面個人隨時勢變化呈現出不同的心路歷程，對同一史事發為不同的看法和感受，往往會豐富了歷史內容。

中國從宋代以後，開始有更多的讀書人有寫日記的習慣，到近代更是蔚然成風，於是利用日記史料作歷

史研究成了近代史學的一大特色。本來不同的史料，各有不同的性質，日記記述形式不一，有的像流水帳，有的生動引人。日記的共同主要特質是自我（self）與私密（privacy），史家是史事的「局外人」，不只注意史實的追尋，更有興趣瞭解歷史如何被體驗和講述，這時對「局內人」所思、所行的掌握和體會，日記便成了十分關鍵的材料。傾聽歷史的聲音，重要的是能聽到「原音」，而非「變音」，日記應屬原音，故價值高。1970年代，在後現代理論影響下，檢驗史料的潛在偏見，成為時尚。論者以為即使親筆日記、函札，亦不必全屬真實。實者，日記記錄可能有偏差，一來自時代政治與社會的制約和氛圍，有清一代文網太密，使讀書人有口難言，或心中自我約束太過。顏李學派李塨死前日記每月後書寫「小心翼翼，俱以終始」八字，心所謂為危，這樣的日記記錄，難暢所欲言，可以想見。二來自人性的弱點，除了「記主」可能自我「美化拔高」之外，主觀、偏私、急功好利、現實等，有意無心的記述或失實、或迴避，例如「胡適日記」於關鍵時刻，不無避實就虛，語焉不詳之處；「閻錫山日記」滿口禮義道德，使用價值略幾近於零，難免令人失望。三來自旁人過度用心的整理、剪裁、甚至「消音」，如「陳誠日記」、「胡宗南日記」，均不免有斧鑿痕跡，不論立意多麼良善，都會是史學研究上難以彌補的損失。史料之於歷史研究，一如「盡信書不如無書」的話語，對證、勘比是個基本功。或謂使用材料多方查證，有如老吏斷獄、法官斷案，取證求其多，追根究柢求其細，庶幾還原

案貌，以證據下法理註腳，盡力讓歷史真相水落可石出。是故不同史料對同一史事，記述會有異同，同者互證，異者互勘，於是能逼近史實。而勘比、互證之中，以日記比證日記，或以他人日記，證人物所思所行，亦不失為一良法。

從日記的內容、特質看，研究日記的學者鄒振環，曾將日記概分為記事備忘、工作、學術考據、宗教人生、游歷探險、使行、志感抒情、文藝、戰難、科學、家庭婦女、學生、囚亡、外人在華日記等十四種。事實上，多半的日記是複合型的，柳貽徵說：「國史有日歷，私家有日記，一也。日歷詳一國之事，舉其大而略其細；日記則洪纖必包，無定格，而一身、一家、一地、一國之真史具焉，讀之視日歷有味，且有補於史學。」近代人物如胡適、吳宓、顧頡剛的大部頭日記，大約可被歸為「學人日記」，余英時翻讀《顧頡剛日記》後說，藉日記以窺測顧的內心世界，發現其事業心竟在求知慾上，1930 年代後，顧更接近的是流轉於學、政、商三界的「社會活動家」，在謹厚恂恂君子後邊，還擁有激盪以至浪漫的情感世界。於是活生生多面向的人，因此呈現出來，日記的作用可見。

晚清民國，相對於昔時，是日記留存、出版較多的時期，這可能與識字率提升、媒體、出版事業發達相關。過去日記的面世，撰著人多半是時代舞台上的要角，他們的言行、舉動，動見觀瞻，當然不容小覷。但，相對的芸芸眾生，識字或不識字的「小人物」們，在正史中往往是無名英雄，甚至於是「失蹤者」，他們

如何參與近代國家的構建，如何共同締造新社會，不應該被埋沒、被忽略。近代中國中西交會、內外戰事頻仍，傳統走向現代，社會矛盾叢生，如何豐富歷史內涵，需要傾聽社會各階層的「原聲」來補足，更寬闊的歷史視野，需要眾人的紀錄來拓展。開放檔案，公布公家、私人資料，這是近代史學界的迫切期待，也是「民國歷史文化學社」大力倡議出版日記叢書的緣由。

導言

侯嘉星

國立中興大學歷史學系助理教授

　　《吳墉祥在台日記》的傳主吳墉祥（1909-2000），
字茂如，山東棲霞縣人。幼年時在棲霞就讀私塾、新式
小學，後負笈煙台，畢業於煙台模範高等小學、私立
先志中學。中學期間受中學校長、教師影響，於1924
年加入中國國民黨；1927年5月中央黨務學校在南京
創設時報考錄取，翌年奉派於山東省黨部服務。1929
年黨務學校改為中央政治學設大學部，故1930年申請
返校就讀，進入財政系就讀，1933年以第一名成績畢
業。自政校畢業後留校擔任助教3年，1936年由財政
系及黨部推薦前往安徽地方銀行服務，陸續擔任安慶分
行副理、經理，總行稽核、副總經理，時值抗戰軍興，
隨同皖省政府輾轉於山區維持經濟、調劑金融。1945
年因抗戰勝利在望，山東省主席何思源遊說之下回到故
鄉任職，協助重建山東省銀行。
　　1945年底山東省銀行正式開業後，傳主擔任總經
理主持行務；1947年又受國民黨中央黨部委派擔任黨
營事業齊魯公司常務董事，可說深深參與戰後經濟接收
與重建工作。這段期間傳主也通過高考會計師合格，
並當選棲霞區國民大會代表。直到1949年7月因戰局
逆轉，傳主隨政府遷台，定居於台北。1945至1950這

6年間的日記深具歷史意義，詳細記載這一段經歷戰時淪陷區生活、戰後華北接收的諸般細節，乃至於國共內戰急轉直下的糾結與倉皇，可說是瞭解戰後初期復員工作、經濟活動以及政黨活動的極佳史料，已正式出版為《吳墉祥戰後日記》，為戰後經濟史研究一大福音。

1949年來台後，除了初期短暫清算齊魯公司業務外，傳主以會計師執照維生。當時美援已進入台灣，1956年起受聘為美國國際合作總署駐華安全分署之高級稽核，主要任務是負責美援項目的帳務查核，足跡遍及全台各地。1960年代台灣經濟好轉，美援項目逐漸減少，至1965年美援結束，傳主改任職於中美合營之台達化學工業公司，擔任會計主任、財務長，直到1976年退休；國大代表的職務則保留至1991年退職。傳主長期服務於金融界，對銀行、會計及財務工作歷練豐富，這一點在《吳墉祥戰後日記》的價值中已充分顯露無遺。來台以後的《吳墉祥在台日記》，更是傳主親歷中華民國從美援中站穩腳步、再到出口擴張達成經濟奇蹟的各個階段，尤其遺留之詳實精采的日記，成為回顧戰台灣後經濟社會發展的寶貴文獻，其價值與意義，以下分別闡述之。

一

史料是瞭解歷史、探討過去的依據，故云「史料為史之組織細胞，史料不具或不確，則無復史之可言」（梁啟超，《中國歷史研究法》）。在晚近不斷推陳出新的史料類型中，日記無疑是備受歷史學家乃至社會各

界重視的材料。相較於政府機關、公司團體所留下之日常文件檔案，日記恰好為個人在私領域中，日常生活留下的紀錄。固然有些日記內容側重公事、有些則抒發情懷，但就材料本身而言，仍然是一種私人立場的記述，不可貿然將之視為客觀史實。受到後現代主義的影響，日記成為研究者與傳主之間的鬥智遊戲。傳主寫下對事件的那一刻，必然帶有個人的想法立場，也帶有某些特別的目的，研究者必須能分辨這些立場與目的，從而探索傳主內心想法。也因此，日記史料之使用有良窳之別，需細細辯證。

那麼進一步說，該如何用使日記這類文獻呢？大致來說，良好的日記需要有三個條件，以發揮內在考證的作用：（1）日記之傳主應該有一定的社會代表性，且包含生平經歷，乃至行止足跡等應具體可供複驗。（2）日記須具備相當之時間跨度，足以呈現長時段的時空變化，且年月日之間的紀錄不宜經常跳躍脫漏。（3）日記本身的文字自然越詳細充實越理想，如此可以提供豐富素材，供來者進一步考辨比對。從上述三個條件來看，《吳墉祥在台日記》無疑是一部上佳的日記史料。

就代表社會性而言，傳主曾擔任省級銀行副總經理、總經理，又當選為國大代表；來台後先為執業會計師，復受聘在美援重要機構中服務，接著擔任大型企業財務長，無論學經歷、專業素養都具有相當代表性。藉由這部日記，我們可以在過去國家宏觀政策之外，以社會中層技術人員的視角，看到中美合作具體的執行情

況，也能體會到這段時期的政治、經濟和社會變遷。

而在時間跨度方面，傳主自 1927 年投考中央黨務學校起，即有固定寫作日記的習慣，但因抗戰的緣故，早年日記已亡佚，現存日記自 1945 年起，迄於 2000 年，時間跨度長達 55 年，僅 1954 年因蟲蛀損毀，其餘均無日間斷，其難能可貴不言可喻。即便 1945 年至 1976 年供職期間的日記，也長達 32 年，借助長時段的分析比對，我們可以對傳主的思想、心境、性格，乃至習慣等有所掌握，進而對日記中所紀錄的內容有更深層的掌握。

最重要的，是傳主每日的日記寫作極有條理，每則均加上「職務」、「師友」、「體質」「娛樂」、「家事」、「交際」、「游覽」等標題，每天日記或兩則或三則不等，顯示紀錄內容的多元。這些內容所反映的，不僅是公務上的專業會計師，更是時代變遷中的黨員、父親、國民。因此從日記的史料價值來看，《吳墉祥在台日記》能帶領我們，用豐富的角度重新體驗一遍戰後台灣的發展之路，也提供專業財經專家觀點以及可靠的事件觀察記錄，讓歷史研究者能細細品味 1951 年至 1976 年這 26 年間，種種宏觀與微觀的時代變遷。

二

戰後中華民國的各項成就中，最被世界所關注的，首推是 1980 年代前後台灣經濟奇蹟（Taiwan Economic Miracle）了。台灣經濟奇蹟的出現，有其政策與產業的背景，1950 年開始在美援協助下政府進行基礎建設

與教育投資，配合進口替代政策發展國內產業。接著在
1960年代起，推動投資獎勵與出口擴張、設立加工出
口區，開啟經濟起飛的年代。由於經濟好轉，1963年
起台灣已經累積出口外匯，開始逐步償還美援，在國際
間被視為美援國家中的模範生，為少數能快速恢復經濟
自主的案例。在這樣的時代背景中，美援與產業經營，
成為分析台灣經濟奇蹟的關鍵。

《吳墉祥在台日記》中，傳主除了來台初期還擔任
齊魯公司常務董事，負責清算業務外，直到1956年底
多憑會計師執照維持生計，但業務並不多收入有限，反
映此時台灣經濟仍未步上軌道，也顯示遷台初期社會物
質匱乏的處境。1956年下半，負責監督美援計畫執行
的駐華安全分署招聘稽核人員，傳主獲得錄用，成為美
方在台雇用的職員。從日記中可以看到，美援與中美合
作並非圓滑順暢，1956年11月6日有「中午王慕堂兄
來訪，謂已聞悉安全分署對余之任用業已確定，以前在
該署工作之中國人往往有不歡而散者，故須有最大之忍
耐以與洋員相處云」，透露著該工作也不輕鬆，中美合
作之間更有許多幽微之處值得再思考。

戰後初期美援在台灣的重大建設頗多，傳主任職期
間往往要遠赴各地查帳，日記中記錄公務中所見美援支
出項目的種種細節，這是過去探討此一課題時很少提到
的。例如1958年4月前往中橫公路工程處查帳，30日
的日記中發現「出於意外者則另有輔導會轉來三萬餘元
之新開支，係輔導會組織一農業資源複勘團，在撥款時
以單據抵現由公路局列帳者，可謂驢頭不對馬嘴矣。除

已經設法查詢此事有無公事之根據外，當先將其單據內容加以審核, 發現內容凌亂，次序亦多顛倒，費時良久，始獲悉單據缺少一萬餘元，當交會計人員與該會再行核對」。中橫公路的經費由美援會提供公路局執行，並受美方監督。傅主任職的安全分署即為監督機構，從這次的查帳可以發現，對於執行單位來說，往往有經費互相挪用的便宜行事，甚至單據不清等問題，傅主查帳時一一指出這些問題乃為職責所在，亦能看到其一絲不苟的態度。1962 年 6 月 14 日傅主前往中華開發公司查帳時也注意到：「中華開發信託公司為一極特殊之構成，只有放款，並無存款，業務實為銀行，而又無銀行之名，以余見此情形，甚懷疑何以不能即由 AID（國際開發總署）及美援會等機構委託各銀行辦理，豈不省費省時？現開發公司待遇奇高，為全省之冠，開支浩大，何以必設此機構辦理放款，實難捉摸云」，顯然他也看到許多不合理之處，這些紀錄可提供未來探討美援運用、中美合作關係的更深一層面思考。

　　事實上，最值得討論的部分，是傅主在執行這些任務所表現出來的操守與堅持，以及這種道德精神。瞿宛文在《台灣戰後經濟發展的源起：後進發展的為何與如何》一書中強調，台灣經濟發展除了經濟層面的因素外，不能忽略經濟官僚的道德力量，特別是這些人經歷過大陸地區的失敗，故存在著迫切的內在動力，希望努力建設台灣以洗刷失敗的恥辱。這種精神不僅在高層官僚中存在，以傅主為代表的中層知識分子與專業人員，同樣存在著愛國思想、建設熱忱。這種愛國情懷不能單

純以黨國視之，而是做為知識分子對近代以來國家認同
發自內心的追求，這一點從日記中的許多事件細節的描
述可以觀察到。

三

　　1951 年至 1965 年間，除了是台灣經濟由百廢待興
轉向起飛的階段，也是政治社會上的重大轉折年代。政
治上儘管處於戒嚴與動員戡亂時期，並未有太多自由，
但許多知識分子仍然有自己的立場批評時政，特別是屬
於私領域的日記，更是觀察這種態度的極佳媒介，從以
下兩個小故事可以略窺一二。

　　1960 年頭一等的政治大事，是討論總統蔣中正是
否能續任，還是應該交棒給時任副總統的陳誠？依照憲
法規定，總統連選得連任一次，在蔣已於 1954 年連任
一次的情況下，不少社會領袖呼籲應該放棄再度連任以
建立憲政典範。然而國民大會先於 3 月 11 日通過臨時
條款，無視憲法條文規定，同意在特殊情況下蔣得以第
二度連任。因此到了 3 月 21 日正式投票當天，傳主在
日記中寫下：

> 上午，到中山堂參加國民大會第三次會議第一次選
> 舉大會，本日議程為選舉總統⋯⋯蓋只圈選蔣總統
> 一人，並無競選乃至陪選者，亦徒具純粹之形式而
> 已。又昨晚接黨團幹事會通知，囑一致投票支持，
> 此亦為不可思議之事⋯⋯開出圈選蔣總統者 1481
> 票，另 28 票未圈，等於空白票，此皆為預料中之

結果，於是街頭鞭炮齊鳴，學生遊行於途，電台廣
播特別節目，一切皆為預定之安排，雖甚隆重，而
實則平淡也。

這段記述以當事人身分，重現了三連任的爭議。對於選
舉總統一事也表現出許多知識分子的批評，認為徒具形
式，特別是「雖甚隆重，而實則平淡也」可以品味出當
時滑稽、無奈的複雜心情。

1959 年 8 月初，因颱風過境造成中南部豪雨成雨
災，為二十世紀台灣最大規模的天災之一，日記中對此
提到：「本月七日台中台南一帶暴雨成災，政府及人民
已展開救災運動，因災情慘重，財產損失逾十億，死傷
在二十五萬人左右（連殃及數在內），政府正做長期計
畫，今日起禁屠八天，分署會計處同人發起募捐賑災，
余照最高數捐二百元」。時隔一週後，傳主長女即將赴
美國留學，需要繳交的保證金為 300 元，由此可知八七
水災中認捐數額絕非小數。

日記的特點在於，多數時候它是傳主個人抒發內心
情緒的平台，並非提供他人瀏覽的公開版，因此在日記
中往往能寫下當事人心中真正想法。上述兩個小例子，
顯示在政治上傳主充滿愛國情操，樂於發揮人溺己溺
的精神援助他人；但他也對徒具形式的政治大戲興趣缺
缺，甚至個人紀錄字裡行間均頗具批判意識。基於這樣
的理解，我們對於《吳墉祥在台日記》，可以進行更豐
富細緻的考察，一方面同情與理解傳主的心情；另方面
在藉由他的眼光，觀察過去所發生的大小事件。

四

　　然而必須承認的是，願意與傳主鬥智鬥力，投入時間心力的歷史研究者，並非日記最大的讀者群體。對日記感興趣者，更多是作家、編劇、文人乃至一般社會大眾，透過日記的閱讀，體驗另一個人的生命經歷，不僅開拓視野，也豐富我們的情感。確實，《吳墉祥在台日記》不單單是一位會計師、財金專家的工作紀錄簿而已，更是一位丈夫、六名子女的父親、奉公守法的好公民，以及一個「且認他鄉作故鄉」（陳寅恪詩〈憶故居〉）的旅人。藉由閱讀這份日記，令人感受到的是內斂情感、自我紀律，以及愛國熱情，這是屬於那個時代的回憶。

　　歷史的意義在於，唯有藉由認識過去，我們才得以了解現在；了解現在，才能預測未來。在諸多認識過去的方法中，能承載傳主一生精神、豐富閱歷與跌宕人生旅程的日記，是進入門檻較低而閱讀趣味極高的絕佳媒介。《吳墉祥在台日記》可以是歷史學者重新思考戰後台灣經濟發展、政治社會變遷不同面向的史料，也是能啟發小說家、劇作家們編寫創作的素材。總而言之，對閱讀歷史的熱情，並不局限於象牙塔、更非專屬於少數人，近年來大量出版的各類日記，只要願意嘗試接觸，它們將提供讀者無數關於過去的細節與經驗，足供做為將我們推向未來的原動力。

編輯凡例

一、 吳墉祥日記現存自1945年至2000年，本次出版為
　　1951年以後。

二、 古字、罕用字、簡字、通同字，在不影響文意
　　下，改以現行字標示。

三、 難以辨識字體，以■表示。

四、 部分內容涉及家屬隱私，略予刪節，恕不一一
　　標注。

日記原稿選錄

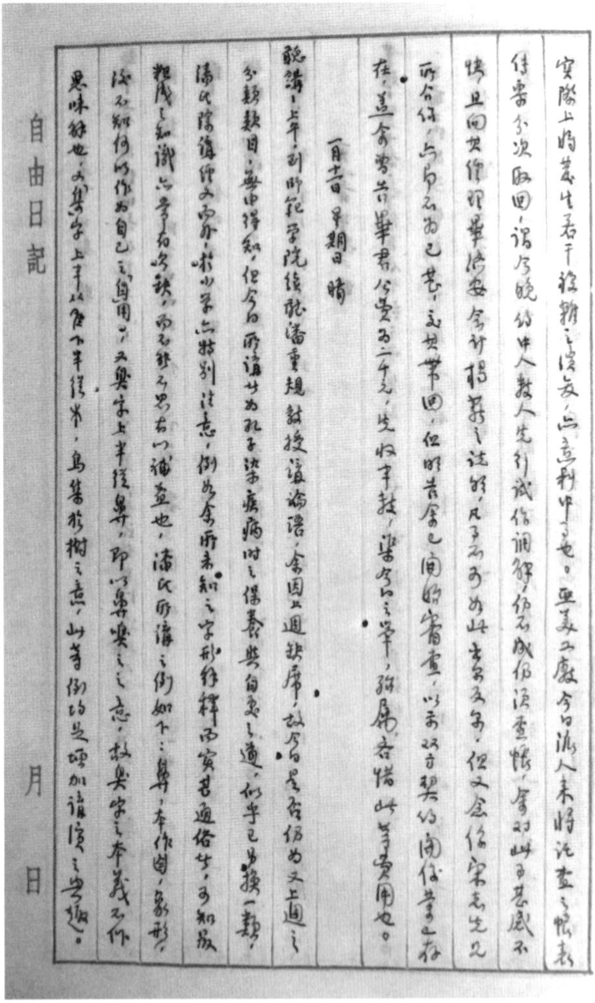

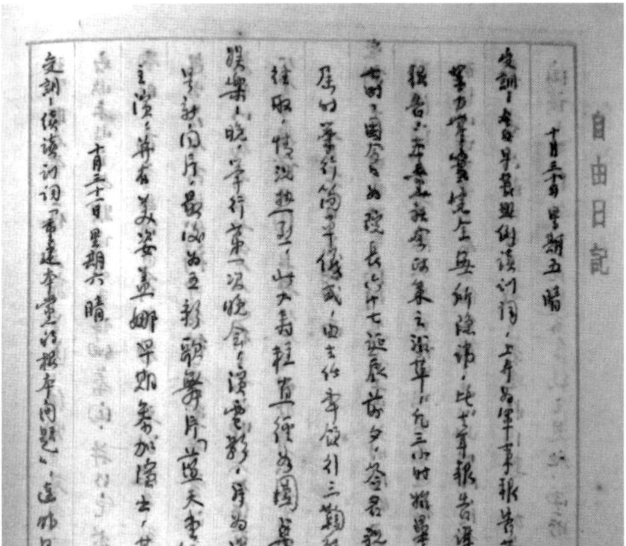

自由日記

月　日

十月廿五日　星期五　晴

定期，參考書登到繼續讀討論，下午為室十事張書第二次，中國四棄組長擔任，其中社論有……

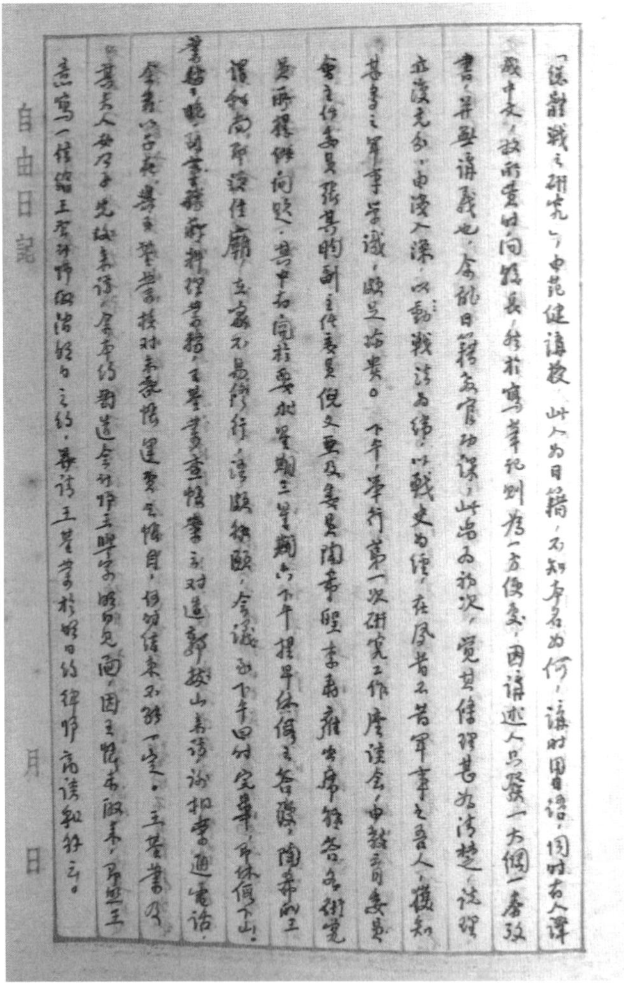

自由日記

月　日

十一月二日 星期一 雨

受制。上午十時半舉行「開學典禮及紀念週」，由蔣經戢主持，訓話述好第二階段教

青聯合你我研究班之重要。并因吳翔暉先生於前日逝世，特舉哀氏之禮人分

鐘並以種族寬懷即胡讀訓詞一篇，散畢。下午繼續由日籍教官講演體我

三術家之種。告修、內容甚精要。右者十載案思想的二次世界大戰而無者。

即及上裝諸遠述反見、探討剛於決了情於張八部廣亭甫日後的等兩言甚多加各在。

十一月五日 星期二 雨

受制。發研護詞「革命哲學好重要」。上午課程為軍案務之研究。由日籍教官中文

特者為徐寧器，報後讀接海釋書寿演錄。下午課程為「戰爭哲學與軍隊軍事科學」。由

日籍教官華各伯鴻遠担任教授。此課程首創，遂戰爭時軍事區別及戰爭性質

之演發，思學於株珠言志。中機研究向於特种措戰爭中之便使。由克勞塞雲維茨戢

牵使引佛為我室研究。植方獨到之高。修晚中讀修授歌詠大的中進行曲。

自由日記

月　日

自由日記　　　　　　　　　月　　日

十月二日　星期五　陰

交到上午詳細為輔導委員會領扣作之書匯戰器戰術研究以為陸軍專門性之報告。

實際多為戰術部分，將其應數國自始起二十年之作戰方式選其有指導性者近十次分別予以書名，內將智各圖表多所斟其中各點特性，較撰述甚詳情形井然，頗為難得。我國今如不注軍事名物別感覺索鮮之故。目此各輔導委員所扣任之行。

審核告即已全部結束矣。下午陪加陶希聖氏之演講三小時，為民生主義育樂補篇通述，之演講者之實際執筆人，但由其說明引申陶氏又

原書所用之筆作以新生所為演講之作者，特以便我等作各歲判引申陶氏又。

語此書尚中國經濟說」及「中國之命運」同為謂國亥年久共批城說在傳寫事而

空會一實，乃當二者言陶氏之年事也。又張君作此演講之用意謂國亥年研究美軼有十餘

譽者在出版做書方特被演講如為零片免本，賽作答時，設本期研究美軼有十餘

事峰演演語，對此西帝之闡揚公有書大貢獻云，乃演講之內容不成大部

自由日記　　　　月　　日

唯物，為社會史觀，吾國社會的變動，自由民主安全社會的建設，民生主義的社會理想四者，皆須認識。陳氏於第三段特別評價此點，然將一社會之崩潰及對於人的精神生活之影響為一種文藝方式的描寫，政治措言所歸，終不免主觀陳述，容易最後一小時半新社會的遠景，作年年作一說好，將責之向，題若夫雷，文因涉中懷右的為陳氏對於歷史觀年迎態度的禍自我發揮志趣三民主義吾言主義特行志噴因民泉，唱其一種見地，據之吾之演說蒔為大聽，向不能以之概也。集會一點，舉行小組會講，治諭語自以「如何健全組織以加強黨務語我剛協諸，每各全題，自由蓋言，人各一願，屬擇出研究之意見。今乃三處，一部分為淫氛上來健全，其中必組織於收新黨員各第十二為訓結多作以上下海遍為第一、二為社會調查諸點以把握重心為第一，為一部分為淫孩辣上我健全，其中一為懷防流於於私，且涉右是律要勵之，武主義，人以字皆為於不善事生領導，三為有甲別而議背責，辦作集與，屬於中事屠作信諸，大體上的為正常意見，懷古大打正面意見。

革命實踐研究院黨政軍幹部聯合作戰研究班
第一期研究員簡歷冊節錄

目 錄

1953 年

1953 年（45 歲）

1953 年小引

　　侷處海隅，茲已步入第四年矣。三年以來，學問事業，愧無寸進，所兢兢業業者，為家計，為生存，亦只平添白髮滿鬢，免於凍餒而已。在台灣當前之生活方式，有特徵焉，一曰自立謀生，不食嗟來，二曰赤手空拳，以勞動換衣食，所不同者此勞動尚無待於用體力而已。由於不食嗟來，不肯對人低頭，不肯利用人之急迫或罪惡換取余之生活之所資，故今日之業務亦如當年之服公職然，不能為養生之主也。由於一己無資本，只好從事腦力勞動，故無恆產乃至時有無恆心之恐懼。以上云云，孤高處即辛酸處也。西人有云，汝最大之失策即為汝放過到手而逝之機會，旨哉言乎！充此言之極致，在今日之社會可成大功名大事業，小之亦可供衣食之資，世俗之譽。向嘗深體此言之實踐如何重要，然在緊要關頭時仍不免以不屑與怠忽之心情使到手者隨風逝去矣，甚矣習慣之難改也！余何嘗不知自己之大缺點為不欲知人與不求人知，然欲思有所悔改時，往往轉思不可幾及而放棄之、淡忘之。余又知余之缺點為見解空疏思想遲鈍，然欲發憤為學，溫故知新，又往往知而不行，諉過於人事之紛紜與光陰之不許，而不知等閒放過之時間，實乃腐蝕生命之大敵也。歲首書此，真不禁感慨之萬千也。

1月1日　星期四　晴

交際

　　今年以卡片賀年之風特盛，計先收到者有同學鄭邦琨、侯銘恩、蕭煥復、曾祥寬、孫立國、符錫圭、于國楨、葉建珪、同業四建合作社、陳德馥、周旋冠、于國霖、林有壬、湯志光、廖兆駿、汪流航、毛松年、吳崇泉，均分別復片答賀，余自動發出者有洪蘭友、趙耀東、張百成、朱福增、汪驥侯（以上皆中本公司）、阮隆愈（客戶）、李洪嶽、崔致淇（同業）、谷正綱、余井塘（師長）、譚嶽泉、儲家昌、張靜愚（友人）、朱佛定（友人），其中同時接到對方自發或復片者為洪、張、朱三人，此外自動來者又有同業焦鼎鎧，與近識徐恩曾等，總計發出三十四份，內中頗有二人合共一份者，余所用卡片為利用郵局明信片加印，簡單而經濟。又有草山同學劉秉恭君，來片即復。上午，張中寧兄與廖國庥兄相偕來訪，賀年。上午，李德民君來訪，賀年，並談其兄之衈金向山東漁農基金會借用事，現在該會以實物抵發，擬稍事觀望。下午，同德芳到中和鄉為宋志先兄夫婦賀年，上午宋兄曾先來。晚，到區公所參加區黨部召集之新年茶會，崔榮報告市議員選舉事極詳。

1月2日　星期五　晴

業務

　　宋志先兄介紹其同鄉亞美工廠經理畢濟安君來商談其合夥糾紛事，計上下午先後來談話兩次，約略知其要

點，大致係四十年冬與湖北周浩東者合作設廠，為聯勤總部軍需署製造軍用油灶，現在已將次完成，日內即須交貨，價款方面向由周對外出面，領到之後陸續以一部分交之廠內，但尚不足，現欲在交貨之前促其速行交款，但一年來與周存欠非只一端，故須在年底先行結算帳目，此項帳目由於周之一向未來過目及廠址在違章建築地帶未能登記，事實上乃是一種非正式之帳簿，現畢君就商於余者為在此等情形下，如何使周就範及本身有無須加檢討防備之點，余將帳簿略加翻檢，允俟其日內託請後再加細查，並認為帳目既非合於政府規定，自以央人中說和解為宜，不必涉訟，而渠所要求之墊款市息，如向法院請求時，亦斷不能有有利之判決，渠對於將來約集中說人和解一節認為必要，其所欲請者除余而外為宋志先兄及劉振東律師，並謂對方有一弱點即渠與聯勤運輸署署長孫桐崗勾結分潤回扣最懼聲揚，如以此相挾，或可使之就範，聞油爐係孫以美貨樣交亞美仿造者。

1月3日　星期六　晴

譯作

　　上午，繼續譯作日本土地改革一文，仍為第二章，採重寫方式，以期扼要，此種方法在余尚為初試，感覺比全譯為難，因推敲斟酌與重新組織，在在需要費心，今日上午二小時只寫成六、七百字，比全譯之效率只及其半，然為字數所限，勢難全譯，亦只有摘譯之一法也。

師友

　　于懷忠兄來訪，送來余建寅同學之成績單，準備向美國大學申請將學金，託余轉請劉振東先生以當時之教務主任名義簽字。下午訪于兆龍氏，余談及一年來合作社業務竟無法發展，不久舉行社員大會希望能改選他人為理事主席，于氏則謂有法辦即辦，無法辦即停辦，聽余決定，余未作表示，又詢及楊天毅兄之清債近況，余照所知以告，于氏主張將本社現有倉庫房屋出頂或出賣，將倉庫設於楊天毅兄之廠房中，余表示可以照辦。晚，甄田芝君來訪，談籌備織襪廠事欲從速促成之，並帶來已有織成品，據云集股目標為一萬五千元，余允參加股份，並約友亦來，總數四千左右。

交際

　　日昨陳墨卿君來訪，未遇，余知為賀年，今日下午乃到廈門街答拜，並閒談。

1月4日　星期日　晴

聽講

　　上午，到第一女中大禮堂聽聯合國中國同志會舉行之座談演講，題目為五十年來之美國，由胡適之主講，聽者極眾，席無隙地，但較之胡氏返國第一、二次演講之人氣之盛，則已大不相同，胡氏所講者極為淺顯，係由美國物質文明方面說明五十年之不同處，其所舉例如為五十年前鋼鐵大王年入二千餘萬元而普通工人不過三數百元，今則收入在千元以下者不過百分之十（其實此二種說法素有異，應不可以比較），五十年前絲襪消費

量不過十餘萬雙，今則年用四億餘雙，汽車每三人有一部，種種享受已可普遍於貧富之間，造成之原因有二，一為社會輿論，在一九一〇年前有所謂扒糞運動，發生暴露之奇效，二為大量生產之成本低廉，胡氏演講一小時四十分，頗為聽眾所歡迎，十時散。

師友

　　下午，逢化文兄來訪，係約於晚間在其寓便飯，乃於下午六時前往，在座尚有任居建、靳鶴聲、楊天毅、何冰如諸人，所談多無關重要，例如任氏以年高之故，頗對於朝野之無人注意發揚中國文化致其慨嘆，所據理由淺薄無足道者，九時半散。

1月5日　星期一　晴

師友

　　上午，訪張中寧兄，詢其有無投資製襪之興趣，張兄云，只須能控制其財務，明瞭其經營之情況，渠即願參加云，張兄又告余上週赴新中央橡膠廠支取息金時，其會計張之文曾將余之去年下期會計顧問公費託渠帶余，並託轉達經理阮隆愈之意，謂自本年度起不必再支云，張兄不允轉達，謂如此辦理，其存款即將先提，因渠之存款係因余明瞭其財務狀況而存者云，余由此事始終不能了解阮之為人，兩年查帳係渠自動延聘，計公費時又特打折扣，等於顧問未另支公費，且平時亦多所諮詢，而對於顧問之區區公費則自始即十分珍惜，此等人真所謂之只見其小不見其大，且所用方式亦甚奇特也。

業務

　　上午，到市政府拜會合作科長劉君，為初次拜訪。下午，出席合作業務會報，主題為討論本月內各合作社舉行社員大會之日程支配，余代表七倉社請將日期定為卅日。

交際

　　晚，參加李紫宸兄嫁女之喜筵，未用飯即告退。晚，應秦德純、裴鳴宇之宴，係為解決大東與劉錫三間之房價糾紛者，磋商至十時始決定為二萬二千元，大東已同意。

1月6日　星期二　晴

業務

　　上午，到同豐訪于希禹兄，因基隆地方法院傳余明日出庭，係為黃海公司資本帳漏貼印花案，意在由余提供股票，以覘是否有粘足之印花，余不願為此小事而大跑基隆，乃將所持之股票備函一件請希禹轉託其他有關被傳人員帶呈法院作證，余在同豐時適日昨調解大東與劉錫三糾紛之于希禹、劉階平、馮仙洲三人與劉錫三君在座正談昨日之事，最後劉君應允接受二萬二千元之條件，日內即行辦理手續。亞美工廠畢濟安經理與其會計先後來委託辦理查帳事，余當將帳簿點收給據，以備查核。

師友

　　下午，于懷忠兄來訪，取去劉振東先生代簽交余轉交之三同學出國成績單與申請函件。下午，畢圃仙兄來

訪，閒談。下午，甄田芝君來訪，再談集股設立襪廠事，余告以在財務公開之原則下可以自行參加一股，約友參加一股，共為六千元，總股份以定為一萬五千元較妥，晚甄君再來，同到羅斯福路二段新市場參觀固有之郝、張二君所營小型襪廠，工作忙碌，地點狹小，二人所談技術與經營之問題，與甄君所談略有出入。

1月7日　星期三　晴

業務

長記輪船公司債權人債權數目表已經蓋章完畢，余亦在表之右上端加蓋會計師章，並出具證明書一件，謂此項數額均經會同債務人代理人陳寶麟會計師根據帳冊及債權憑證核對相符，辦妥後將各件交李移生兄轉交周旋冠律師撰狀，請法院准予參加以前已經勝訴之數債權人的分配，此外又聞最近美元貸款對輪船業核定大數之貸款，長記之亨春輪可得一百餘萬元，由於該公司之糾紛未決，不能請貸，於是長記本身以及商船同業中之本來有意買船者食指大動，而債權人之債權價格亦有顯著提高之事，則本問題之解決或有幫助云。中午，參加山東漁農基金保管委員會議，討論如何派員到台中辦理接收鹿港訴訟勝利之工廠，因日內即將由法院執行，又報告近因現金不足，對應付各款已經將貨抵算，列表備各戶來提，其中為毛巾及被單之屬云。

師友

王慕曾兄來訪，談其中美債權託余代理，本係託于懷忠兄者，余不知其此句用意如何。

家事

下午，姜仁山姑丈來訪，謂房屋糾紛近無進展，日來因臥病致數日未能出門云。

1月8日　星期四　晴

業務

上午，亞美工廠經理畢濟安君來面託查核其帳目，並面交委託書，並謂將與其總經理周浩東連署補送一份，余即告以公費照查帳公費最低數收取，計二千元先付一半，渠謂將與周接洽辦理云，余所以先提公費者，因該工廠有合夥人間之糾紛，不先言明，將來必多唇舌。

師友

下午，裴鳴宇議長來，堅決慫恿余競選山東國大代表聯誼會之常務幹事，余雖一再聲明毫無興趣，終以不果，渠即函台中方面劉心沃代表為余等活動，其中據現在之限制連記法五人計為張志安、宋志先、楊揚、秦德純及余，余告以逢化文兄亦在競選，渠謂恐幫忙者不多，大可不必云。王慕曾兄來訪，持其中美藥房之債權單與余所保存之中美藥房存款帳相核對，並在余事務所為債權之登記。甄田芝君來訪兩次，於合股織襪事頗認為有再加詳細調查之必要，渠對於當前不為一般所注意之本小利大業務所知頗多，甚至如各重要馬路邊之攤蓬，渠亦早已買下數處租與他人，己則坐收租金，利益比市息高出遠甚，而又十分穩妥，不虞損失焉。

1月9日　星期五　晴

師友

　　上午，到安東街訪冷剛鋒兄，其夫人云刻已奉派至中紡公司支薪，為數如昔云。

家事

　　上午，到姑母家閒談，姑母刻正養豢來杭雞與洛島紅各二十隻，謂前者五月生蛋，後者八月。

集會

　　晚，舉行小組會議，因上次未足法定人數，故今日報告之事特多，其中有關於市議員競選之經過，有關於去年底全區黨務情形之檢討，最後為票選小組長，余先報告希望共同負責，輪流擔任，余已任及其他同志已任者盼勿再選，但結果無效，余仍當選。

業務

　　以全日時間開始查核亞美動力工廠委託查核之帳目，因該廠兩合夥人發生糾葛，其承製之軍用爐灶交貨期已延至本月十五日必須向聯勤總部交貨，經理畢濟安以此為要挾另一合夥人周浩東之題目，使其對外所收價款應交之於廠者在限期前交出，至於雙方在廠內之存欠有連帶關係須同時查核明確並希望在期前有結果也，今日已將全部帳冊記入時之經過及所用科目等加以了解，見其所記雖科目多有錯誤，而內容則頗賅備，用為排解糾紛或可作為重要之資料，至於帳外雙方口頭事項則無記載，須另為補充調查也。

1月10日　星期六　晴

業務

上午十時到商船聯營處參加該處召集之長記輪船公司債權人代表大會，決定事項為請交通部催該公司申請為破產之和解，一面凡未告訴之債權人對於已判決假執行者狀請參加分配，債權憑證即以余與債務人代表陳寶麟會計師會同簽蓋之債權表為之，以免蒐集不易，徒延時日，又對於執行程序中之港務局對亨春輪鑑定價值聞為一百五十萬元，與事實大不相符，應請其慎重處理，以免少數勝訴債權人利己損人，此外參加者有海員工會代表，請該代表等轉商長記公司小船船員對於索薪指亨春為假執行一事再加考慮，因該等之薪工應就小船本身取償，小船雖已押在合作金庫，然依海商法船員之所欠比抵押權仍為優先也，小船船員不就其優先者取得權利，反為普通之扣押，損人而不利己，此事須先解決，然後亨春本身之問題始可簡單化也，今日會場中債務人賀仁庵未到，一般對賀觀感均極惡劣，會場中發言最多者為債權人代表之周旋冠律師，有控制整個會場之力量，席上無人與之爭議，但債權人各有立場各懷鬼胎，會後實際上將發生若干複雜之演變，亦意料中事也。亞美工廠今日派人來將託查之帳表傳票分次取回，謂今晚約中人數人先行試作調解，仍不成功仍須查帳，余對此事甚感不快，且向其經理畢濟安會計楊薪之說明，凡事不可如此出爾反爾，但又念係宋志先兄所介紹，亦即不為已甚，交其帶回，但明告余已開始審查，以示雙方契約關係業已存在，蓋余曾告畢君公費為二千元，先收半

數，渠今日之舉，殆屬吝惜此等費用也。

1月11日　星期日　晴

聽講

　　上午，到師範學院續聽潘重規教授講論語，余因上週缺席，故今日是否仍為又上週之分類類目，無由得知，但今日所講者為孔子染疾病時之保養與自處之道，似乎已另換一類，潘氏除講經文而外，於小學亦特別注意，例如余所未知之字形解釋而實甚通俗者，可知最粗淺之知識亦常有欠缺，而不能不思有以補益也，潘氏所講之例如下：鼻，本作 自，象形，後不知何以作為自己之「自」用，又臭字上半從鼻，即以鼻嗅之之意，故臭字之本意不作惡味解也，又「集」字上半從 隹 下半從 木，鳥集於樹之意，此等例均足增加講演之興趣。

1月12日　星期一　晴

師友

　　上午，到經濟部訪張景文兄，據云余去年託其洽詢台灣造船公司是否對長記輪船公司債權問題須聘會計師事，曾面詢其協理謂無必要，又閒談他事，余即辭出，並索得該部出版之所屬工鑛電業會計制度草案一冊。下午，張敬塘兄來訪，託余俟晤孫伯棠主委時代將其代洽之某學生義肢捐贈款折發棉織品數目詢明領存，以便變價。下午，楚金洲君來訪，係詢于仲崑兄之地址，楚君家住新竹，對此間山東人間各種現象詢問甚詳。

1月13日　星期二　晴

業務

第七倉庫利用合作社之常年社員大會已於上週與市府洽定舉行日期為本月三十日，目前工作為準備報告資料與其他一切手續，今日辦理事項為向中山堂洽定和平室之使用，通知之發出，其中夙失聯絡者極多，必待登報通告始合手續也。

參觀

中午，到中山堂參觀有墨堂所藏法書展，多明末及清代人之作品，其中較珍貴者為鄧石如之鐵線篆，邢子愿之行書，梁山舟之八分，何義門之行書等數件。

1月14日　星期三　晴

業務

第七倉庫利用合作社召開社員大會之準備工作在繼續進行中，關於大會應改選理監事一節，所擬名單為理事七人、監事五人，除一、二人外，餘皆照現任者蟬聯，余再三考慮理事主席一職應以不連任為宜，因去年對振中印刷工廠所為之保證，依合作事業牽制而言本甚勉強，如余解除名義，則社內即可備函主債務人及其對方自由青年旬刊社表示解約，比較名正言順，否則終不免囉唆，惜此點未必做到。

1月15日　星期四　晴

師友

上午，自由青年旬刊社熊萬祥經理來訪，謂楊天毅

兄對於工廠移交管理清理債務事希望其從速作一答復，渠已數日不見，請余以保證人資格催其辦理，余告以余亦數日未見，必須往尋其所在，熊又談設長此拖延，則將循司法途徑解決，彼時連保證人亦為之受累，其辭令頗耐人尋味也。上午，楊孝先氏來訪，謂法院為中美藥房陳繼舜案傳其作證，已將傳票退回，楊氏不解者何以對彼一極小而簡單之債戶反需到庭作證云。

1月16日　星期五　雨
業務

上午，周旋冠律師來電話，謂關於長記公司債權向法院申請參加分配執行亨春輪事，本應將債權證呈庭辦理，但戶數眾多，故改以余與陳寶麟會計師會同簽蓋之債權表為之，因陳為債務人之代理人也，又云前次商船聯營處所召集之債權人代表會議曾通過請交通部速通知長記申請破產，破產程序進行後則一切執行程序即須從緩，先以同業公會為和解（破產法所規定之和解）之進行，如此可使本問題有急轉直下之望，所未知者即有無其波折，惟長記已經向部申請云。

1月17日　星期六　微雨
業務

下午，到台北市第一信用合作社參加其通常社員大會，余係以同業來賓身分參加，本市合作界習慣，每年舉行社員大會時邀請同業參加，余因該社為本市最有歷史、業務最發達之信用合作社，故樂於應邀前往考察

其開會情形與數字資料，該社所報告去年存款數目曾達一千萬元，年終亦在六、七百萬元，故已接近銀行之規模，報告討論事項完畢後即為選舉，先推選參加聯合社之代表，決定以即將選出之監事主席擔任一人，其餘一人當然為理事主席，最後票選理監事，據合作科長報告，本屆選舉用無記名連記法，為一種秘密選舉，故屆選舉時間即忙於布置，在會場之角落臨時移置小桌數張，各不相接，為出席會員繕寫選票之所，共有小桌五、六張，而會員則有六、七十人，故投票頗費時間，僅投理事票即費時近一小時，余因不願久候，即先行辭出。中美藥房債權會欲在余處開代表會，余以地狹謝卻之。

譯作

　　譯 Japanese Land Reform Program, by Lawrence J. Hewes, Jr., Report No. 127, General Headquarter, Supreme Commander for the Allied Powers, Natural Resources Section，為一報告式之著作，共九十餘頁，篇幅雖不甚多，而精湛扼要，余在譯作之前本已函洽新思潮月刊，約其刊載，該刊習慣不須照文全譯，以減字數，故余即用重寫之法，約採用三分之二，刪節三分之一，去取之間較全譯為更費斟酌也，此事於上月即譯一小部分，大部係本週在美國圖書館完成，今日寫完最後一章，前後共三萬字。

1月18日　星期日　陰

聽講

　　上午，到師範學院續聽潘重規教授講論語，按分類法本日所講者為夫子應變之態度，於在陳絕糧一段引證史記孔子世家解說甚詳，諸弟子處艱危時之態度大因學養而有區別，至於孔子只謂君子固窮，小人窮斯濫矣，輕描淡寫，則爐火純青也。

師友

　　李德民君來訪，謂渠向山東漁農基金會借支其兄奉行政院所發卹金，因該會無現金改折發所存棉織品，本定本日往領，因不易出售，故欲稍事觀望云。

1月19日　星期一　陰

集會

　　晚，到經濟部材料供應處參加研究院結業學員小組會議，首先研讀總統元旦文告，繼即開始討論，各抒所見，余對於文告內所謂去年政治經濟均有成就一節表示原則上自極正確，但認為有更求進一步之必要，而目標則在於各部門之配合一節，去年為各項政策之爭執，例如中央與地方稅收之劃分，進出口業與生產業爭持不休的保護貿易與自由貿易，等問題，始終莫衷一是，而背後實均有政府人員在內，此實不合理現象也，應不令再有，又今年實施耕者有其田，農民即將得甚大之利益，但如何保障其利益，則非在政治上著眼不可，諸如議員之選舉，農民份子之增加當選機會實為當務之急，要知政治經濟不能各行其是，而去年政治經濟各有進步，則

單獨的成就多，而配合的成功少，此點為今後所當著重也云，討論完畢，即由主席作結論，並各遞發言條備整理，又決定下次會之方式而散會。

1月20日　星期二　晴

業務

　　下午出席會計師公會理監事聯席會，討論事項有本年度工作計畫與預算等八案，其中有一案排列在後而提前討論者為參加經濟部所召集之耕者有其田案之公營事業估價委員會如何進一步的工作，據參加該會之公會代表程烈報告，估價中之公司有五單位，所屬廠鑛達三百餘單位，均須在短期內估計完成，則發動全體會計師為之始克有濟，但為提綱挈領，先須參加分組代表五人，其餘再行進一步辦理，此五人之產生方式今日請在會上決定，於是發言者極踴躍，首先為廖兆駿主張由程自行挑選，嚴以霖主張連同全部人員一併決定，余主張即由常務理事五人擔任，以便於對內對外之兩重聯繫不致脫節，發言後因有他事即行退席，余所以如此主張者，因程在此事之運用上有操縱壟斷之陰謀，與謀者在會議席上相為呼應，如提出照舊規定輪值辦法辦理，其中余本人適在其內，他人必以為另有私心，故臨時忖度，只有如此主張始可發生真正的對抗力量也。下午，參加中美藥房之債權人代表會，余到時會議已散，在座者尚有楊績蓀、金輅、于懷忠、林光旭、鄒希榮諸人，今日之會係對於方宏孝、陳繼舜起訴後日內即將開庭審判中，余等債權人出庭作證前之準備，余對於其帳簿之凌亂塗改

等情形將予以當庭陳述，又關於破產聲請部分，第一次
法院駁回，第二次抗告，據云此次或可邀准，其中並指
定余為破產管理人云，余對此事不置可否，因此項破產
管理人勞力多而報酬或有或無也。晚，應于兆龍氏之約
到其寓所吃飯，在座尚有王述先、李哲卿、魏盛村、趙
培堯，皆為于氏在第七倉庫利用合作社擔任理監事者，
于氏提出本社現在之自處之道，因外間不知者皆誤以為
渠有若干產業太過招搖，且理事經常必須開會，勞動親
友，可暫而不可久，渠提出善後辦法三項，一為渠將全
部財產租借於余等另成立理監事經營之，二為招牌出
頂，三為解散，余除對第一項不同意外，表示對第二、
三兩項均無所不可，不同者即如果解散，即同人須加安
排而已，繼研究以出頂為宜，最低價連倉庫廿二萬，不
連倉庫十二萬，此事務在卅日之社員大會前有一結果
云，余對今日之事甚少發表意見，因去年接辦此社，雖
在環境上無由發展，然終係事與願違，內心為之不安，
但亦有深感不快者，（1）于氏骨子裡何嘗不認為係業
務不發達，覺資金有呆滯之損失，（2）對余為之苦心
支撐，目的在維持其舊部數人謀生，並無感激之表示，
只謂渠彼等將繼續負責，（3）丁暄曾會計為渠一再主
張由余約一會計人員而始請來者，今日如解散，丁君固
絕不需于氏為之安排，然其心目中不應絕無此事，因而
隻字不提，此外余自感經營事業不能有何成就之痛苦與
損失，故內心不能免於懊喪之情也，辭出後與魏盛村
等途中談善後問題，尚未涉及何等具體之事項，余由
魏君之態度知其對于氏所謂對彼等老部下維持到底一

節，並無好感也。

1月21日　星期三　晴

譯作

　　複閱所譯「日本土地改革」，今日始竣事，由於前後內容之貫通，發覺意義有誤解誤譯者數處，立即加以改正，甚矣譯事之難也，又對於書中尚有數處之意義經推敲後本已明瞭，而由於在書中他處發覺不十分相同甚或前後矛盾之處，必係一處或雙處之了解尚欠正確，始有此等現象，仍當進一步推敲之。此次譯事中得力於日本年鑑不少，英文中之口語讀法則得力於一種以西文所拼之假名為排列次序之字典甚多，惜乎若干姓名、地名則字典中無之，而年鑑中則多可對此補救之。

1月22日　星期四　晴

譯作

　　今日將所譯之「日本的土地改革」作第二度之複閱，又發現若干與原意不同之處，可見譯書真非易事也，最後為書內所用 Pastoral & Communal Period 等字，遍查中文詞書如辭海，英文百科全書如大英百科全書、美國百科全書，以及韋氏大字典、牛津字典等，皆未獲十分適宜之譯名，復查閱經濟史一類之著作，亦未見有關於此等歷史分期之記載，費時極多而所得甚微，譯書最怕者即此等遭遇也。

1 月 23 日　　星期五　　晴

業務

　　上午，中美藥房債權代表金輅、林光旭二人來訪，持來所印寄發各債權人報告訴訟進行情形之通函，託丁暄曾君代為填明地址即行發出，二人又催余速作查帳工作，因起訴後業已開庭，大約至下月二日所傳證人即可傳完，則辯論不久即可開始，為供法院審判之根據，希望余之查帳報告能早日提供也。與魏盛村兄研究第七倉庫利用合作社之如何解散問題，均覺並不甚簡單，第一為社員大會須到四分之三，甚為不易，第二為通過結束時所代理合作金庫之印花即須繳清，而外欠倉租須甚久以後始可收到，中間又發生墊款三數千元之問題，三為將來難免又有合作社好機運出現，欲圖再辦即噬臍無及矣，有此數因，對是否即行結束，尚須再作考慮。下午到會計師公會出席小組會研究向財政機關進行代查所得稅事，決定再向稅務機構交涉，余發言不抱樂觀。晚飯在老大昌參加劉錫三與大東公司房價和解簽約，為中人之一。

1 月 24 日　　星期六　　晴

譯作

　　上午為所譯之「日本的土地改革」一文作最後之核閱，因其中有 Pastoral & Communal 二字始終未獲適當之中譯，上午又到台灣大學圖書館參考，遍閱百科全書數種，仍未得要領，結果仍從中國譯本綜合英漢大辭典及日本出版一種大英和辭典二者加以參考，始獲適當之

中譯。此稿完成後即連同原書送新思潮月刊社，面交主編唐昌晉君，面談之後知唐君為政校同學，後又在金陵大學專習英文三年。

集會

　　下午，舉行小組會議，主要議題為討論將總裁在第七次全國代表大會開幕辭，預先接上級所發大綱，但並未逐項討論，余就大要說明後，另一同志發言後即行結束，繼再討論社會調查之資料關於彈球游藝場之賭博性問題，散會。

1月25日　星期日　晴

聽講

　　續到師範學院聽潘重規教授講論語，今日按分類法講到孔子之師弟之情，就其對顏淵與子貢者分別比較，可知二人入聖門之深淺有相當之區別也。

業務

　　下午應邀參加第二倉庫利用合作社之長年會員代表大會，到代表四十餘人，來賓二十餘人，程序與往年相同，照例報告討論，不同在選舉方式奉令用秘密方式，其法與一般縣市長議員者相同，即一一領票在案寫好投入匭內，此項方法較為費時。余於其尚在分發選票時即行辭出，並領得紀念品肥皂六塊，其他來賓亦同散去。

師友

　　晚，楊天毅兄來訪，談其所營振中工廠債務問題並無徹底解決之決定，現局部洽定與自由青年旬刊社成立協議，明日該社接辦工廠。晚，張中寧兄來訪。李德

民君來訪。

1 月 26 日　星期一　晴晚雨

業務

　　下午，在第七倉庫利用合作社與理監事蕭之楚、趙培堯等續進行社之解散事，又聞上午陳墨卿理事來訪，對解散表示可惜，蕭主解散，趙則主請于瑞圖增加資金使業務可略活躍，但不為于氏所納，故亦主張結束，余與魏盛村副理單獨談話，於利弊得失分析甚詳，余對於停辦與否並無成見，蓋因本身表面為局中人實際則局外人也。

家事

　　德芳染感冒，紹因女亦然，今日計就醫兩次，注射汎黴素，服用地黴素、金黴素等。

1 月 27 日　星期二　雨

業務

　　下午，周旋冠律師來核對各債權人（長記公司）申請參加分配執行之訴狀內分戶列舉各項數字，並研究各債權人之原始借據如不一一提出時，是否全憑余與陳寶麟會計師會同開出之債權人明細表，是否即可作為充分而不受被參加分配之債權人之反對，此點最可慮者為金鈔部分，均係按去年三月底數折成新台幣計算，但彼時已不應有黃金美鈔之借貸，則理由恐不十分充分云，此外申請按破產法交由輪船商業同業公會主持和解一節，現所研究者為是否該會可以解釋為即係破產法上之商

會，此事亦屬大有關係云。聞會計師公會參加耕者有其
田條例實施時公營事業出售估價委員會之委員程烈已將
公會理監事會所通過之分組參加估價人選由彼選定，會
同公會五常務理事一同參加五公司之五小組，其所指定
者即十一月間公會開會主張由程前往任委員之一班人，
則余前所預料之所謂有交換條件，果然不出所料。傍晚
途遇曾大方兄，據云程烈承辦渠所服務之台灣電影公司
案件所算公費特多，而查帳不給報告，此等人之作風乃
係全部援引分肥之作風，余等以真實無欺不亂要錢之
作風自然孤掌難鳴而陷於冷落之境地矣，此事為余執
行會計師業務以來最感痛苦之來源，長此勢將永無開
展之望矣。

1月28日　星期三　晴

業務

查核中美藥房帳冊被林光旭債權人持去自存者計五
冊，林君交來以前曾自行核閱一次，發覺其中有收入利
息及買賣美鈔損益等記載，分別摘出，余核閱之時見其
所摘大致相符而尚有遺漏，因加以補充，至此五冊帳
簿屬性余亦加以分析，係三十九年之日記帳與分類帳，
又四十年一部分日記帳與分類帳，余將以前所收到之封
存帳簿加以檢查，發覺有同日期之日記帳與分類帳，但
筆數不同，大致前者之記載較多，後者較略，前者無稅
捐稽徵處之驗印，後者則有之，可見前者係內帳之一部
分，但又並非其交廖兆駿會計師部分，可見其帳冊紛亂
之一斑矣。函覆于兆龍氏，對七倉社事有所表示，謂既

由於環境不能發展，則渠之決定頂出或解散，自當照辦，惟甫停之時，事反更多，費用難減，收入反縮，如何以現金周轉，請酌量云。上午訪市政府合作科人員，詢以合作社解散事，彼等說明手續如何，而不加可否。

1 月 29 日　星期四　晴
業務

上午，到台北地方法院出庭為方宏孝、陳繼舜違反國家總動員法案作證，今日到者除被告方、陳外，債權人方面只有二人，其實傳者更多，不知何以未到，推事首訊方、陳，繼即問余將款送之中美藥房之經過，並驗看該藥房之存條，繼即再問關於余提供檢察處之查帳報告，余即加以說明，並將近日由債權人方面交來帳冊內所發現之收入利息與兌換損益等情形加以補充，推事囑余早日將帳目查完並送之地院以備訊問之佐證云，方、陳所供各節均支離模糊，始終未能言明其未有買賣美鈔黃金之事，關於帳目一節，承認余之公正，但謂受債權人之包圍，容或不免，以下未說完即被推事打斷，一小時後退庭。下午以來賓資格參加第四倉庫利用合作社之社員代表大會，該社業務單純，但成績不惡，其原因一為倉庫設備較好，多係租用而來，故資本不大，二為台灣本省人經營，諒係若干商人作長期顧客，其主要社員亦即為彼等，三為印花代售餘額在十萬左右，資金上大有幫助，不動產餘額大於股金，即以印花挹注，此事極不合理，但有其方便之處，以上各種條件較之余所主持之第七倉庫利用合作社，自均優異多多，然余代人照管

合作社一年間，除印花頭寸爭到二萬元，社之內外信用較佳外，其餘無所貢獻，亦深值自反也。

1月30日　星期五　雨

業務

下午二時在中山堂和平室舉行第七倉庫利用合作社常年社員大會，議程仍照通常項目按排，另做成臨時動議一件「本社可否解散請公決案」，理由為不能兼營介紹放款，社員多已興趣低落，在政府方針未改前，已甚難為社員服務，辦法為照章程由大會推出清算人，一切全權處理，不再召開社員大會，此議案由余寫成，交魏盛村君傳各社員徵求簽名，計共十六人，余亦在內，大會開始時到社員八十人，其實有若干為魏君等代簽到者，在場人數為六十人，其中多非社員本人，且有數人為魏臨時花錢雇用者，余觀此陣容，亦覺無味，非結束不可矣，大會中首為主席（余）報告一年概況，感謝各社員理監事之協助，次為市府合作科長致詞，再次為余報告社務業務，監事主席王述先報告監察內容，以下為討論提案，先通過去年度會計報表，次提出解散之臨時動議，經余說明後，全體無異議，人數為全社員一百零五人之出席四分之一，出席八十人之三分二，均合乎章程規定，繼即通過由全體理事為清算人，其就任日期為二月十五日，一切全由清算人辦理，不再召集社員大會，此外又推出理監兩主席為參加聯合社之代表，在本社參加聯合社股份未撤回以前行使職權，至此應議之事已全部完畢，前後費時一小時半，於四時散會。回顧主

持此社一年，除恢復代售印花外，其餘毫無成就，大部
分由於環境不得不爾，小部分由於此社並非名實相符之
合作社，主要社員暗中主持而不出面，余只居其名，無
論為責任抑無論談關係，均有其施展之限度，此殆為先
天所注定者，故究極言之，去年余對此合作社之理事主
席名義根本不應接受，蓋無論成敗，均屬事不干己，成
之不足喜，敗則以余之過去聲望，今日牛刀小試不成反
為名譽之累也。台北市稅捐稽徵處數日前通知限於月底
辦理自由職業者帳簿登記，余於今日託李哲卿就近代為
接洽，初為索來小表填送，送往後又謂須貼印花三元，
余復一條謂依照統一稽徵條例勞務報酬所得之收據簿摺
在免徵印花稅之列，於是始行用印交李君攜回，此舉實
可謂無聊之極，因自由職業者人數不多，完稅更屬有
限，渠等何竟如此不憚煩，更不計即以如許之行政成本
徵收此戔戔之稅額是否值得，此等稅務作風，貌似認
真，其實則完全不得要領者也。

1月31日　星期六　雨
集會

　　上午，到建國中學大禮堂參加市黨部召集之四十二
年度黨籍總檢查講習會，到者數百人，皆為區黨部委員
及小組組長等，首由省黨部主任委員上官業佑報告總檢
查之意義，次由中央第一組主管黨籍之總幹事芮晉報告
有關此事之重要之點，歷二小時餘尚未完畢，計自八時
起至十二時止已費時四小時，余即先退，大致此事舉辦
之原因，一為改造委員會時期之整肅案延不舉行，待至

此時合併舉行，二為每年舉行一次，期在對全體黨員有
例行之考核，其方法在程序上為將考核權賦予小組組長
與區黨部及市縣黨部，在技術上為將一年來參加會議繳
納黨費及其他服務事項之紀錄一一加以檢查，採用積分
方法加以比較，設不滿六十分者即不換發新黨政，分數
特多者即在考核表上作永久紀錄，將來遇有黨內各種機
會，即視分數高下以為殿最，今年即開始辦理。

2月1日　星期日　雨

聽講

續到師範學院聽潘重規教授講論語，今日所講仍為孔子弟子之各人行誼，極生動。

家事

今日為紹彭兩周歲生日，上午率赴博愛路買皮鞋，中午吃麵，下午同德芳率紹南、紹中、紹寧、紹因及紹彭同到寧波西街照相留念，除合攝一幀外，並單獨為紹彭拍一張，紹彭發育極合理想，牙齒適合二歲兒之標準，簡單語言可說，領悟能力則更強，觀察模仿均極迅速，簡單歌曲隨他兒詠誦，多不爽誤，大小解均知報知大人，且不隨時隨地便溺。

2月2日　星期一　雨

業務

上午，查閱合作社法規及行政規定有關合作社解散事項，以便釐定第七倉庫利用合作社之結束事項，大致首先應辦呈文為解散登記，附呈社員大會之解散決議會議錄，然後再辦清算人就任之報告書附送會計表報，然後從事清理資產負債，以至清算完畢，再作報告書即為竣事，但其中有須限期而又不能過短者為對於負債之清理，此在七倉社並無普通之負債，只有存倉貨品之催提而已，又代售印花稅票業務不但可得手續費，且有數千元頭寸周轉之關係，開始清算後勢難免於解約，魏經理盛村則有奇想，認為可以另一其他字號承繼此項代銷權，余謂於理絕對不合，渠不能明白此中道理，反背後

謂余不肯幫忙，是真不可解也，大致此社中人無一知法
令之意義者，對於業務經營，無論設計與執行又無一不
須倚賴余一人負責辦理，因之遇事輒不免有孤掌難鳴之
苦，此外甚至一最簡單之公文，最容易之帳項，亦皆非
余設計不可，以如此不健全之機構，而欲在業務上與他
人爭一日之長短，真無異於南轅北轍也。

師友

　　與劉振東先生閒談大局，因昨、今兩日報載明日美
總統將向其國會提出國情咨文，文內將提及解除台灣中
立化，容許國軍反攻大陸，以目前國軍之力量與大陸對
比，恐尚無大規模作戰之可能，然由於軍事局勢之轉
變，恐難免於空襲之危險，劉氏認為空襲既終不免，故
下鄉則亦屬必要也，又劉氏自言其為人之態度，謂人生
乃長距離賽跑，他人之占先與自己之落後，均屬過程中
應有之事，最應注意者為爭最後之勝負，云云，此語最
富警惕性。下午訪楊孝先氏，據云仍以寫字自遣，有時
出賣舊物度日云。

2月3日　星期二　陰

集會

　　上午，出席山東漁農基金會，討論如何籌送馬公子
弟學校之捐款十五萬元一案，決定決定將林口之工廠出
售，其方式採標賣為時不及，決定用議價辦法，現租用
人立達工廠有同價優先權，價款即照以前買進時之價為
廿支紗五十四件，按目前之中央信託局標售價計算，每
件四千三百元，但該廠方面並未有決定性之表示是否承

受，只好待進一步再說矣。

業務

　　下午，長記輪船公司賀仁庵在厚德福宴客，到有商船同業方面徐可均、沈琪、儲家昌，律師朱文德、劉兆龍、周旋冠、丁傳恩，會計師陳寶麟及余，飯後賀致詞希望由商船同業公會能解決其還債問題，繼朱代表公會楊管北致詞，周代表一部分債權人致詞，均各提出對此問題排除解決障礙之點，然尚無何結論可言。盛錫福帽廠劉錫三君函送禮券及有獎存單共四百元，為酬謝其解決與大東債務糾紛之勞。第七倉庫利用合作社今日將申請解散之公文辦就，並連清算人就任報告書同時發送。

師友

　　上午，李德民君來訪，託為其姪介紹存入款項事，余暫時無法，主其先存優利存款。下午，李祥麟兄來訪，閒談。下午汪聖農兄來訪，託為其證明在小組各項工作記錄。

2月4日　星期三　上午晴下午雨

業務

　　上午，出席全國輪船商業同業公會所召集之長記輪船公司債權人會議，由該會理事長楊管北主席，渠首先聲明其立場為試行和解，和解不成渠即呈復交通部，以後即不再過問，至今日和解是否即為破產法上商會主持之和解，則由於該會並非即係狹義的商會，故尚有待其主管機關之解釋，不過如和解能得成立，則縱不屬於

破產法上之商會和解，亦仍然可有結果，因民事處理即在法院亦尊重當事人之意見也，繼提出其所擬之方案要點，一為大船小船一齊拍賣，如此則小船船員所聲請之大船假執行可以使其依法先由小船優先取償，如有不足始以普通債權向大船參加分配，二為債權之優先與否應有確定，如此則問題之解決可有途徑矣，此時余所代表之債權人一再聲明所謂優先須確有其理由，余則起立發言，希望先行排除本問題解決之障礙，如小船船員對大船之假執行，又債權人鄭標豪對大船之假扣押等，今日小船無代表前來，鄭雖來此開會，然亦無明確表示，設此等障礙不除，空言誰為優先，徒然誤事費時，楊則解釋謂，小船一同解決即是安撫小船船員之道，而假扣押假執行等之癥結所在亦與是否優先有關，故今日會商之程序，並未本末倒置，余至此始恍然大悟，日昨朱文德律師謂希望今日能有所解決，並非空想，而楊氏對此問題則已深思熟慮矣，今日殆為急轉直下之勢，於是仍討論優先問題，決定除船上工資，修船抵押貸款，及在基隆轉駁鹽斤運韓日之費用外，其他均不能優先，但為顧到事實，對某種負債又不能不示優異，則稱為優待，略較普通為多，此事最後達到協議，即多數均放棄優先，或作為優待，於是會議竟於數小時達到半年來屢屢開會無何結果之問題的迅速解決，亦即如債權均無分歧之意見，至於未來開會之中央信託局與小船船員代表未到，則分頭與之說明，如此即可進一步著手各項技術問題之解決，即如何拍賣如何改變已在訴訟中或執行中之程序，如何分配等，則須改日開會從詳計劃，今日開會經

楊事先之充分研究準備，故輕重緩急，頗能掌握，且不完全由破產法上所載為依據，則可見其社會經驗之豐富，有進攻退守之兩項準備也，故做事先須事理通達，其餘均屬末節，吾於楊氏今日主持會議之成功，內幕原因何在，尚待研究。散會後即由各律師、會計師聚餐，對於具體問題之進行交換意見，咸認為最大顧慮之處即為今日未到之小船船員及其律師，又中央信託局債權涉及造船公司承兌事之如何解除等。

2 月 5 日　星期四　雨
業務

審核中美藥房之帳目，由丁暄曾君協助辦理，其帳分兩種，一為法院調來之內帳，所記為關於頭寸進出情形，亦即對於各債權人存欠之記錄，初步工作為以之與各債權人在余處登記數相核對，以證實其登記之真確性，二為交各債權人保管之外帳，及其原始憑證，所記皆為銷貨進貨與一部分之收受存款，此部分為經過稽徵處用印者，故應自成一完整之記錄，初步工作為將其餘額先做成試算表，以證明其完整性為何如，此外有債權人林光旭扣交之帳五本，經核對後知亦為內帳，所記為營業進出，無稽徵處用印，所記除外帳全部在內外，內容較為詳細，惜此部分帳冊並不包括全部之收付也。

2 月 6 日　星期五　雨
業務

上午，出席會計師公會所推所得稅小組會議，由嚴

以霖、劉友琛報告與稅捐稽徵處處長鮑亦榮談話經過，鮑對此事已不似去年之堅決反對，刻須研究者為會計師代理完稅業務之具體方法問題，今日出席者有王庸、廖兆駿、王樹基等，王、廖主張完全不採去年財廳代擬為稅務機關顧問查稅之辦法，應由政府公告會計師代為申報之稅單為有效，此意見在通常情形下自屬正確，但余認為技術問題應特別慎重，並提出兩點意見，一為會計師所申報之稅單，稅務人員如抽查過細，使當事人感覺更多紛擾，必為業務上之大障礙，二為現在所得稅核定所得額之過程非必依照稅法及明文解釋之命令，則如何不使稅務人員之任意解釋與會計師方面依法解釋者不致脫節乃至聚訟，亦為大應注意之問題，此點各在座者均已知其重要性，經討論認為對查稅範圍應有明確之規定，而會計師所出之報告書亦應明白指出查核之範圍，庶免發生爭執，關於具體方案，當即推出嚴以霖、王庸與廖兆駿三人起草云。

2月7日　星期六　晴

業務

上午，第七倉庫利用合作社出資最多之社員于兆龍氏來訪，談渠對於此社不能不結束之苦衷在外間頗有風聲，對其現任軍事責任頗為不利，繼余告以余本人絕無意見，去年之接辦以及今年之解散皆以渠之意思為意思也，次談若干技術問題，印花停售後勢須備現款還合作金庫，而退還小股亦需現款，渠對於退還小股頗多特異見解，認為多少均不相宜，言下似以登記後觀望為

宜，余未表示意見，只謂既不免於為清算人，自當面
面顧到為宜云。

家事

下午，姜岳東姑丈來訪，謂新中央橡膠廠之存款現
已改為按月六分，又談及為買房事與原房之單某涉訟
事，正在地檢處檢察中，余告以李祥麟兄有意調解，經
研究後認為尚未至接受之時機，暫時宜先觀察法院之動
態，再作計議，但民事似尚未附帶進行云。

譯作

新思潮月刊社前日將余所譯「日本的土地改革」一
文送回並以電話洽定將第一章「提要」取消，以免與下
文重複，但另加譯者介紹文於前，余於今晚屬稿，將原
有之第一章三千字作廢，另加介紹文不及千字，將全篇
要旨完全改寫，未知符合其要求否。

2月8日　星期日　晴

聽講

上午，到師範學院續聽潘重規教授講論語，選講有
關曾子之篇章，曾子為一篤實君子，聰明不若顏淵，勇
武不若子路，然獨有造詣，非其他弟子所及，潘氏對於
曾子之為人描述極為精到，而最著重其不驕不矜，慎言
慎行，此點為做人之最要條件，云云。

師友

下午，到福州街參加同學茶會，今日輪由余與劉
桂、楊希震等具名邀請，報告時事者有方青儒、邱有
珍、吳望伋、鄭震宇等，所涉有立法院、大陸地方政

府、當前外交等。

2月9日　星期一　晴

集會

午，出席山東漁農基金會議，所討論之案凡七、八，皆與該會之結束有關，如同遣散費及補發醫藥費等項均是，至於具體結束之期尚有待於與財政部接洽云。

師友

孫典忱兄來訪，閒談在新店大平頂居住之友人間情況。崔唯吾先生來訪，約明日邀山東人士談張、鄒冤獄案，並託余通知張敬塘兄，余即託楊景順君轉達。

業務

下午，訪商船聯營處儲家昌秘書長，談長記公司清算問題，據云此次賀仁庵確具誠意，其他債權人亦無何問題，只餘小船船員之假執行問題，諒可以提存方式出之，余意不妨為小船船員換一律師，庶免作梗，關於妥協告成船舶出賣後，余主張應由主持和解之船聯會委任會計師為之清算，現已委託者有該會顧問陳寶麟，但陳亦為長記之代表人，超然性似乎不夠，且債權人未必能相信其完全無所偏倚，最自然之辦法為加聘余共同辦理，則余固有之債權人債額已佔大半，得其同情，至公費一節，二人均按最低者算收，並不增加大家負擔，余由此所增加之收入，尚以四成為介紹費，渠允將此事照此計劃部署，蓋余之提出此項辦法絕無勉強之處，對彼為介紹人者且有實惠，更屬順理成章也，至於余若將來照全部償債款項計算公費，比之原有一部分債權額所能

攤分者尚多一倍，在查帳工作上並不增加，在全部債權
人所增負擔亦屬有限，儲君對此點能自然的提出人選而
毫無著痕跡之處，洵一舉而數善備也。

集會（二）

晚，開小組會議，開始辦理本年之黨籍總檢查，按
照新定之記分法先行蒐集統計資料，已將一部分之黨證
收集並驗看身分證上之公民投票記錄。

2 月 10 日　星期二　晴

業務

繼續查核中美藥房帳目，今日全用於核閱其四十一
年初所記之存款分戶帳，事先並囑丁暄曾君列出明細
表，俟余閱後即可核算總數，以示其與正式帳上所記運
用款項數目相差之鉅，且證明其有鉅數款項究竟作何經
營始終不明，今日審核後發覺有數戶存欠與本息情形完
全不能了解，只得勉強記一數字，作為統計之用，至於
確數為何，在已來余事務所登記者尚須等候進一步函約
其來余處核對差誤之原因，始可明瞭也。

師友

下午，崔唯吾、裴鳴宇氏及孫典忱、談明華二兄來
談張、鄒冤案發回保安司令部復審後之應付方法，決定
各事即分頭進行，其中託余辦理者為轉達張敬塘兄將有
關文件加以複寫，備各作證人員之用，一面糾合煙台來
台學生準備被傳時理直氣壯的作供云。

2月11日　星期三　晴

業務

下午，于兆龍氏約晚飯，在座皆第七倉庫利用合作社理監事，計有蕭之楚、陳墨卿、王述先、趙培堯、魏盛村、李哲卿、項望如、張伯明等，飯後討論該社清理之具體步驟，其中有涉及期限者決定以法定償還負債之限期一個月且略延長，有涉及付還社股者，大有問題，于氏對此點特加說明，謂有若干並非實有股款，言下似乎認為不能按股分配資產，於是蕭氏表示彼之股份並無關係，如何辦理均可，經第三者說明最後決定照股分配，至於房屋作價將公開徵求社員遞價，以高者為有效，此外又決定清算工作仍須用固有人負擔固有開支，法律問題延律師協助，王述先君提出對余應有報酬，余謙遜，最後並謂清算人既為七理事，余不能自己固執，請表決，有監事謂此事不易談，以致最後並無結論，九時散。

2月12日　星期四　晴

師友

上午，孫典忱兄來訪，交來代擬以裴鳴宇議長名義致秦紹文主席一函，請主張對張、鄒冤案複審應由魯人士觀審，此函留置余處俟裴氏來蓋章，下午裴氏果來，即蓋章由余託人帶至秦寓。下午，張敬塘兄來訪，余告以張、鄒案中前日會商之結果關於準備資料聯繫學生二事請其負責，渠允即辦，並於今日下午到新店訪崔唯吾氏詳談進行情形與今後之方式。裴鳴宇氏約到安樂

池洗浴，並略睡。

2月13日　星期五　晴

師友

　　上午，張敬塘兄來訪，將抄寫之張、鄒案證件資料分別整理，備致送於以前各出證件之人，備萬一於傳訊為證人時可以不致前後脫節，其中有交裴鳴宇議長者一份則託余轉達裴氏。下午，徐嘉禾君來訪，贈春節禮物，並談楊天毅兄赴嘉義訪殷君采事，今晚即成行。上午，訪楊孝先氏，約於今晚廢曆除夕來便飯，楊氏因另有他約，謝絕，余贈以自製麵點數色，楊氏意興蕭索，於節氣更替時為更敏感。

2月14日　星期六　晴下午小雨

交際

　　上午，以最速方式出發拜年，事先將路線劃定，乘三輪車出發，所到各處為楊孝先、鄭旭東、吳先培、袁守成、汪茂慶、劉階平（晤及）、于子久（晤及）、邵光裕（晤及）、張中寧、廖國麻、楊綿仲、余井塘、裴鳴宇（晤及）、姑丈姑母（晤及）、洪蘭友、馬兆奎（晤及）、李祥麟（晤及）、陳德馥、周旋冠、朱佛定、張景文、韓華斑、于兆龍（晤及）、谷正綱、胡希汾、隋玠夫（晤及）、秦德純、張迺作等。來拜年未晤及者有魏盛村、林樹五、丁暄曾、馬懷璋、韓兆岐、王德垕、周天固、曹璞山、黃德馨、張中寧、廖國麻、于國禎、曹緯初、劉階平、金鏡人、趙榮瑞等。晤及者有

李紫宸、吳先培、袁守成、鈕鈝龢、叢芳山，均略談。

2月15日　星期日　雨
交際
上午，到新莊劉振東先生處拜年，公路汽車擁擠不堪，往返等候所占時間竟在二小時以上。中午，在張中寧兄寓吃飯，在座有黃德馨、廖國庥、劉支藩、郝遇林等，飯後到黃、廖二寓略作盤桓，又同郝兄到張道藩院長寓所拜訪，不遇。下午，到中山堂堡壘廳參加校友會召集之春節酒會，在場者百餘人，川流不息，實到者當尚不只此數，退出後先後為孫伯棠、王裕民、魏盛村拜年，均不遇，留片。今日來拜年未遇者有胡希汾、陳德馥、林樹藝、方青儒諸兄，又有鄭旭東、李移生、邵光裕、李祥麟等，多為答拜者。上午，趁到蔡文彬醫師為紹彭兒診病之便，就便到寧波西街拜訪蕭之楚氏。

家事
紹彭兒昨竟夜發燒，曾到蔡文彬醫師處就診，渠回鄉未返致不果，今晨往診斷為流行性感冒，注射汎黴素，至晚熱度即大減，其他各兒前亦用過，均有速效。

2月16日　星期一　雨
交際
今日終日大雨，未能出外拜年，亦無前來或答拜者，僅傍晚冷剛鋒兄來略坐。

家事
諸兒女輪流患流行性感冒，已數日未斷，昨晚紹因

女發燒甚劇，因雨未能就診，今晨為試體溫，業已正常，其餘諸兒女亦均無寒熱，不料晚飯後紹因忽又發燒近三十九度，乃與德芳抱至蔡文彬醫師處診斷，認為仍係流行性感冒，即為注射汎黴素一次，並取回藥水、藥粉各一種，自行服用，據蔡君云，近來此症相當猖獗。

2月17日　星期二　雨
交際

　　上午，出外答拜新年，計到之處為冷剛鋒兄，不遇，曹緯初兄、曹璞山兄，亦不遇，又到李紫宸與王茀青兩處，均相遇，並略談。下午，同德芳到仁愛路丁暄曾處答拜新年，並贈食品，因渠年前曾來送禮也，又到周天固兄處，因其夫婦曾來給幼兒壓歲錢也，又同到中和鄉宋志先、周叔明處為其太夫人拜年。余又單獨到李移生、于國楨兩處答拜，今日前來回拜者有于兆龍、楊憶祖二氏，又有于君未遇，不知是誰。

2月18日　星期三　雨
交際

　　今日到新店各師友處拜年，先到崔唯吾先生家，繼到叢芳山兄寓，再至孫典忱兄寓，不遇，其夫人正與于永之兄及韓質生太太竹戰，韓太太謂質生已到景美上班，故不再登門，又由于兄知渠昨日曾來拜年，即因未留片而為之納悶者也，比仍回至崔寓午飯，閒談張、鄒案保安司令部複審，已大有平反之望，崔寓植花木甚盛，余見有倚籬而生之紅葉草類植物，謂終年紅如二月

花，乃移回剪插十株於庭前，以資點綴。

2月19日　星期四　陰
交際

今日到漢中街事務所，見有兩日來前來拜年者計欒仙渠君、林鳴九兄、陳墨卿君、秦亦文兄、王豫民兄等，又有到寓所而余未遇者為吳崇泉兄與宋志先兄。余上午答拜欒君，下午答拜陳君，均未遇，王、宋兩兄則係來余處答拜者。洪蘭友派人送片謝拜年，其片後印有應酬信札一封，謂不及一一答拜，容後分別隨時奉候，自是鬼話連篇，渠去年不如此，不知係彼之身價較去年抬高，抑余之身價較去年更降低歟？

2月20日　星期五　雨
師友

上午，訪林鳴九兄於立法院宿舍，不遇，留片。又訪秦亦文兄於永大旅社，亦不遇。劉振東先生來答拜新年，余未遇。下午，訪張中寧兄，就紹南升學事徵詢其意見。

家事

月初台灣省立師範學院新辦之工業教育系招生，曾囑紹南以同等學力報名應試，十二日發榜並見新生報新聞，知未錄取，但昨日其同學謂十二日國語日報所載則紹南在錄取之列，檢視果然，而正式榜示則其地位易為他名，殊不可解，若謂成績誤計，而其他一名又顯非遞進者，何以其報名號數又適在紹南前後二生之間，以同

地位取而代之，若謂係因報名時本須有修滿高二失學一
年之資格始可，紹南則夏間方修滿高二，與規定資格不
合，若因此被取消，亦不能解釋何以恰在同位，即有他
生補入，但就事實言之，紹南之與考本在求取經驗，錄
取即使註冊，亦無合法證件可以繳驗，今日紹南與其級
任教師紀定商洽，余訪張中寧兄商洽，均認為不必勉
強前往，一因功課躐等無益有害，二因以在校未失學
之證件註冊，雖該院不與留難，及送教廳、教部審查
亦難通過云。

2月21日　星期六　晴
交際

　　中午，立達工廠王豫民君在會賓樓宴客，係為買受
山東漁農基金會之立達工廠成約而設，計共兩桌，大半
為基金會委員，其次為魯籍人士邀為見證人者，飯後並
舉行委員會一次，所談為委員會結束事項，推定協助辦
理人員數人，余亦在列，其實完全為推卸責任之計也。
集會

　　晚，參加實踐研究院廿一期聯誼會，到百餘人，
余與德芳偕紹彭參加，每人便當餐一份，開會後由陶
希聖氏講國際局勢，並演「長使英雄淚滿襟」電影，
余未終即返。

2月22日　星期日　晴
聽講

　　續聽潘重規教授講論語，講言語子貢，子貢一出而

存魯破齊敗吳強晉霸越事。

交際

　　上午，訪林樹五君、于永之君、馬懷璋兄，為答拜新年，但均不遇。又答拜吳崇泉兄，略談。下午，同德芳率紹寧到會賓樓參加林鳴九兄姪女與祁君之結婚禮，賓客以男宅為多，合共十四席，頗極一時之盛，今日證婚人為王秉鈞，當係男方所請。

師友

　　晚，與德芳到泰順街訪張益瑤夫婦，張兄本住鄰右，最近始遷往者。

2月23日　星期一　晴

業務

　　續查中美藥房帳，今日工作為核對登記債權人債權額與該藥房內帳所記欠款分戶數是否各各相符，已核明一部分完全相符，大部分則為不相符之相符，因債權憑證往往包括預計利息，而帳上則記本金也，亦有一部分則完全不能相符者。

集會

　　晚，參加實踐研究院小組第三次聯誼會，讀訓詞後，報告心得，決定下次會前擬定研究專題之子題，提會討論認定後分頭研究，最後抽籤互相贈禮而散。

2月24日　星期二　晴

業務

　　繼續核對中美藥房各登記債權人債權與該藥房帳列

數，除大部分相符或推定相符外，其餘有帳上未記者，有帳上所記有所出入者，均一一加以提出，備進一步分析。鄒馨棣會計師來訪，談公營事業讓售地主抵作地價之估價工作又已陷於停頓。

集會

晚，舉行小組會議，由區黨部派員參加，會同辦理黨籍總檢查，本小組共七人，按規定辦法根據出席小組會議及繳納黨費等情形算分數，其中五人均超過最低數六十分，二人因缺席太多，扣分影響太大，竟不及格，雖將各種可伸縮者一律從寬計算，然仍補救有限，只好待將來區黨部用秘密投票作最後判定時，再行設法矣，此事手續頗繁，直至深夜十時始大致辦竟，其中有稍待補充者為照片或應填事項之漏填等項，均限一、二日內補齊，然後即彙集送之區黨部核辦矣。

2 月 25 日　星期三　晴

業務

今日將前數日所核中美藥房帳簿中之已登記債權人而帳內所記數目不符者，加以再度之審閱，確定非與債權人當面查詢無由明白詳情之戶數，又將已登記而帳內無記載之各戶亦加以再度之審閱，確定非向該藥房負責人或會計人員核對亦無由明白詳情之戶數，確定後即準備交丁暄曾君再加以核算，以作分頭進行之具體依據焉。

見聞

同學陳鐵魂君來訪劉振東先生與余，據云已辦好手

續即赴印度尼西亞，目的在執行會計師業務，據云該國
首都七十萬人口中有四十萬為華僑，其政府規定須用新
式會計制度，而指導工作最為重要，但執業者須通曉馬
來文，並不限制何國之學歷云。

2月26日　星期四　晴

業務

　　上午，中美藥房債權團代表金輅林光旭來訪，互相
洽辦之事有數項：（一）為向黃標章訴追其所佔有之藥
品約十餘萬元，據黃之律師在法院作供，謂該藥非中美
抵債之用，特來余處查核帳目，究竟是否該黃某為債權
人，經查得帳上記載甚詳，（二）債權團售藥之款因須
早日籌還方希孔太太經手借入之一千元，故對於律師、
會計師公費至今未能續付，（三）余將查核該藥房全部
帳目之經過面告二人，關於已登記之債權而帳上不符
者，須與債權人核對，但原會計人員左谷清應屆時參加
為宜，請與律師商洽如何使左來台北云。繼續審核中美
藥房之帳目，今日為將林光旭君所交來之該藥房去年二
至四月真日記帳內所記之借款本息收付致與內帳中之借
款分戶帳核對，證明二月份之帳項相互一致，可見此二
種不公開之真帳有其一致性，而此種真日記帳與其外帳
之不一致亦可以證明前者為真實而後者為偽造矣，此種
對帳可發覺其為作弊之程度究竟若何，至具體數目，則
帳上不完備也。

師友

　　下午張敬塘兄來訪，為張、鄒冤案應發之信件其中

有三件已備妥託余簽發。

2 月 27 日　星期五　晴

師友

　　晚，在逢化文兄寓所與數友人聚談，到有于仲崑等七、八人，所談為今後保持聯繫之方式。

黨務

　　終日為辦理黨籍總檢查而忙碌，計將各人之考核表分數各欄分別填明，將黨政與黨費繳納憑證附於表之右上方，又將及格即六十分以上者填寫合格名冊共計三份，又有分數在六十以下者每人填擬撤銷黨證籍表三份，共二人一併送之區黨部核收，關於擬撤銷黨籍者係根據刻板方式計分，無法伸縮，但按語則寫明確有不得已困難，請從寬云。

2 月 28 日　星期六　晴晚雨

遊覽

　　上午十時同德芳偕紹寧女、紹彭兒赴陽明山陽明公園游覽，刻間為山上杜鵑怒放，櫻花含苞，春光最濃之季節，遊人如織，仕女接踵，余等由車站下車後散步至後山公園，遨遊良久，擇地野餐，餐畢仍徒步返車站，余率紹寧至實踐研究院溫泉洗浴，德芳則因月事不能入浴，在站相候，是時下山之人麕集，排隊買票，排隊上車，於五時返至市內，今日在山計幾一天，山路風光宜人，柑橘滿樹，為大陸溫帶所不可見，精神愉悅，非可言宣也。

3月1日　星期日　有陣雨

聽講

上午，續到師範學院聽潘重規教授講論語，續講孔門弟子長於言語之子貢，若干段孔子表示希望子貢篤行，可見因材施教，變動不居，最後引伸知人之義，解釋知人之難與其重要，又解釋度量與成功之關係，其說明度量二字，謂度係有數，量為有容，其只知包容或唯能守分者，皆不足以語為兩字兼具也，此說極精簡新穎可喜，如此解經方為不妄。

師友

下午，陳厚德夫婦來訪，陳君由基隆電力公司調此間總公司，在新店訓練班服務。

3月2日　星期一　晴

參觀

吳望伋同學為所辦金山幼稚園籌款，在中山堂開書畫展覽會，事先柬邀參觀，今日前往，所展作品皆為現代流行作家或官吏之書畫，可意之作占十之二三，流俗之作則十之七八也，此舉之目的在以他人之作品供自己辦學之基金，展出共百餘件，可見人緣頗佳云。

師友

下午，張景月兄來訪，謂在台北盤桓已數日，奉聘為行政院設計委員會委員後，對關係方面已作種種聯繫，刻已蕆事，下午五時車回台中，當去車站送行焉。本小組幹事劉燦霞君，本為大陸上之善良公務人員，來台後以賣菜為生，月前其夫人以痼疾住入台大醫院，纏

綿既久，費用無所籌措，乃援該院所定貧病減免辦法，請區長證明戶籍，託余代洽，余與古亭區長郭先琴雖為助選時之共同陣線中人，然素無過從，乃往轉託宋志先兄代洽，宋兄為助選最力者，此事當易易也。

3月3日　星期二　晴

業務

下午，出席會計師公會理事會，討論時間最長者為關於公會接受案件輪辦問題，此事討論次數已多，主要癥結為收入公費之支配問題與義務案件之承辦問題，過去規定公費由公會提四成，義務案輪辦仍保留輪流一次之機會，但行之枝節過多，常務理事會提議全部公費歸公會，余主張對外由公會收取，對內由公會照一固定數支付會員，以期公允，但均不得多數之支持，結果決定仍按四、六成分配，並保留義務案接辦者之再次權，與現行無大區別，此外為程烈報告參加出售公營事業估價會情形，不著邊際，此公會之種種表現，殊不佳也。

師友

晚，在鄭旭東兄家便飯，在座尚有徐命九兄，渠由美安全分署保送，明日放洋學習林業。

3月4日　星期三　晴

業務

繼續草擬中美藥房查帳報告書，今日寫第二段，為各項帳目性質之分析，首先分析其所交出之稅捐稽徵處用印部分帳簿，此部分雖似乎有制度，制度中有日記

帳，有總帳，且有日記表與傳票，然因無正式報表，科
目不全，及一部分帳目未知過至何處，不知餘額，致無
法造成平衡之試算表，故仍無法謂為可靠，況此項帳簿
與林光旭交出之一部分同時期帳簿有繁簡之不同，顯見
係屬偽造，並將重要差異之點舉例比較之。

師友

　　劉燦霞君再度來訪，謂其貧苦證明書既不蒙其戶
口所在之大安區公所出具，現已另行仿照格式，請警
察局派出所證明其流動戶口在古亭區，然後再由所在
里長證明，即可由區公所用印，將憑以向台大醫院證
明減免其夫人之醫藥費，所有里長、區長兩步手續請
余代為辦理，並謂係該醫院須收到日方生效力，故此
事愈速愈好云。

3月5日　星期四　晴

師友

　　上午，劉燦霞君來，會同到其所住區域之古亭里辦
公處洽商蓋印證明清寒，里長不在，劉君留候，下午來
謂里長已經蓋印，余即赴古亭區公所憑宋志先兄介紹片
晤李金橋總幹事，允即用印，但因監印人員外出，又須
候至明日矣。下午同劉振東先生訪中國航運公司陳公亮
代總經理，為普通拜候，陳君在安徽中國茶葉公司任
內時曾有互通業務之雅，但已十數年不見矣，同往訪
者有丁暄曾君，渠係託劉振東先生為之介紹工作者，
對方表示困難。

3月6日　星期五　晴

師友

　　上午，到古亭區公所訪總幹事李金橋，索來劉燦霞君所請填具其為清寒住戶向台大醫院申請減免費用之證明書，並查詢兒童更正年齡之手續與分發國民學校之時期。

業務

　　繼續撰寫中美藥房查帳報告書，仍寫關於其外帳部分係屬偽帳之證明，此項證明之主要根據為林光旭君交來以前由該藥房取來之同時期帳簿五本，因假帳多與真帳有相似之點，其不同處即不願對外公開或企圖逃避稅捐之點也，又證明此項假帳亦尚不是全部，因稽徵處用印時寫明共計十一冊，而實際尚差數冊，又各總帳科目之餘額無法偽製一試算表，可見尚另有一部分脫漏者，今日之工作為繼續前日未竟者而完成之。

3月7日　星期六　晴有陣雨

師友

　　下午，到重慶北路九十四巷大陸醫院訪殷君采氏，係前日由嘉義來此，診治血壓過高症，數月前曾突發，現尚未惡化，但眼歪舌僵行路兩腿發直則已極其顯著，此項病象終恐可慮也。隋玠夫兄來電話，將欲介紹下女，余答謂須候德芳到彼處面洽。

業務

　　下午，發出通函三件，定於下星期二、三兩天核對中美藥房債權人與該藥房帳記數不相符合者之帳

目，因此項工作並不十分重要，故只用油印便函，以普通郵件寄出。

3月8日　星期日　晴

師友

上午，隋玠夫兄來訪，其所用下女回鄉曾帶來同伴一人須操佣工之業，擬介紹至余家服役，經與德芳商洽著來先行試用。中午，林建五兄在寓約中飯，渠已由台中移住台北。下午，舉行同學茶會，由馬星野、方青儒、邱有珍諸同學報告國際現勢，陽明山訓練新計畫，立法院動態，劉家樹同學報告國民大會醞釀集會過程中之現在階段。晚，因日間蔡文彬醫師曾因買房手續事來訪有所洽商，乃到其醫院答訪，因看病者多，肅余至內客室坐極久始入，謂因房東方面關係人適亦在此，不便談論，改於明晨仍由渠來余寓面洽，今晚只將其代紹寧所蓋之更正出生月日保證書取回備用。

家事

德芳因余赴林建五之約，大為不懌，述說長久，且多村野之語，並隔窗與鄰人對談，余始終未交一言，因余知此多為困苦環境中所引起之反響，余聞之唯有自感痛苦且不勝同情。

3月9日　星期一　晴

業務

今日完成對中美藥房債權代表會之查帳報告，總長五千字左右，除前數日所作者外，今日作最後一段，

「各帳內容之分析」，認為外帳遠離事實，毫無價值，
內帳則不成體系，只能逐筆審閱其內容，將有不法嫌疑
者予以列出，留待評判，此項報告雖頗費時，然因未附
一表，且無表可製，實為極畸形之文件，又就債權代表
而言，查帳目的尚應注意於尚有何財產可供抵債，現由
此部分帳冊觀察，不但不見記載，且亦無絲毫端緒也。

集會

　　晚，舉行小組會議，因半月來上級黨部注意於黨籍
總檢查工作，普通公文一件未接，故報告討論事項竝
少，僅將本月份政治通報關於耕者有其田者加以宣讀。

3 月 10 日　星期二　晴

家事

　　上午，姜岳東姑丈來訪，談及表妹與隋錦堂婚事
已在隋君向其機關呈請中，將來如配不到房屋亦可領
房租津貼，勉能維持，即可結婚矣，其期當在秋季或
更提前。

師友

　　下午，同蔡文彬醫師訪李洪嶽律師，請教關於蔡君
將欲頂進房屋對於其他債權人方面是否顧慮，據李律師
解釋，頂讓雖為社會所通行，但不能作債務償還之執行
或扣押之標的，此房屋頂進可逕向公產管理處過戶換
約，他人不能對抗，惟事實上房東之租約已為其他債權
人所持，且具有退租申請書交債權人，自為妨害頂讓之
舉，故當以協議方式出之也云，蔡君晚間又來訪，謂另
有一房屋情形相同而無糾紛，將捨彼取此，與余商量頂

進後是否須向公產管理處購進，余意如非必須購買，自可不買，如必須購買，設能用公務員出名，按今年新規定可以減半計算，大為上算也。晚，楊孝先氏來訪，閒談前數日遊覽觀音山之勝蹟。晚，徐嘉禾兄來訪，商談下次召集本期受訓同學舉行小組會議應行準備事項，專題研究題目由余作初稿提出。

3月11日　星期三　晴夜雨

業務

　　昨、今兩日規定時間核對各中美藥房債權人登記數與帳列數之不符處，但債權人根據其憑證核對帳目，多不能看出帳上記載之何以不同，無法可想，只好以債權憑證為準矣。下午，代表第七倉庫利用合作社出席台北市聯合社社員代表大會，由該社報告業務，開會首由來賓演說，計有市長吳三連及合作金庫與市議會之代表等演說，費時太長，余至正式報告討論開始即先退席，該社去年業務情形不佳，虧損一萬餘元。

3月12日　星期四　晴

業務

　　下午，出席中美藥房債權人代表會，由李畬高律師報告民訴方宏孝、陳繼舜、黃標章等一案第一審判決情形，方、陳應賠荷爾蒙三千瓶，黃不承認受此藥，故不在內，經決定對黃上訴，又對於周煦龍所存之藥是否亦起訴，意見不一，終未獲結論，最後由余報告審查方宏孝等交出之全部帳冊情形，斷定真假帳均只交出一部

分，於該藥房收存款一百八十餘萬元之用途為何，完全不明，此為概略說明，詳見所擬報告書。

3月13日　星期五　晴

家事

上午，到區公所為紹寧更正出生月日，事先請蔡文彬醫師及鄰人蔡維谿具保證書一件，先持此項保證書交一主辦助理幹事填具油印簽呈，照例送由戶籍副主任批「准」，再到繳費處依戶籍法五十四條繳罰鍰新台幣九元，再持更正申請書與戶口名簿及國民身份證至主管里份之職員處一一改正，經戶籍副主任加章後即為完成，實際完全形式化也。

師友

上午，到中央財務委員會訪胡希汾秘書，不遇，遇蔡繼善同學，詳談渠由齊魯公司辭職來中央任職之經過，余告以來意在因台灣電影事業公司收歸中央經營後必有一番整頓，該公司以前濫請會計師，或巧取豪奪，或引薦友黨，今後該公司仍不免有引用會計師之處，希望多取聯繫，又黨營事業現在為每年改組董監事會一次，齊魯公司前年改組時山東青年團份子一踴而進，此風不可長也，以上兩點希望轉達胡兄。上午，到台大法學院訪李祥麟兄，不遇，送還前借會計審計及年鑑、字典共四冊。李德民君來訪，送來其姪所領其兄之卹金一千元託為運用，余即另加一千元，通知趙榮瑞君代為經手運用，趙君前日曾當面提及此事也。前日楊憶祖氏託轉託友人為其調換飾金以作鑲牙之用，當託趙榮瑞君

詢問，據云係九成金，但只出七成價，分明剝削，余下午轉告楊氏，正躊躇不決，後決定希望能不透過銀樓，損失可少。

瑣記

上午，到國大秘書處送子女教育費申請表，福利組無人辦公，交文書組。因趙榮瑞君謂可代為運用款項，決定交一千元，乃持彰化銀行存單至該行接洽押款，手續甚速而實太繁，計填借約一張，本票一張，又申請書一張，借約文字繁極，大紙一張，該行且向借款人收工本費三元，印花照貼，利息則比存款高出五釐，該存單到期日為二十一日，依台灣計息方法，頭尾各算一天，故收息九天，預扣，余見其傳票寫預收利息科目，則將來必係仍轉記利息收入，渠又以余之圖章在傳票後蓋章，余詢以原因，謂習慣上放款皆轉甲、乙種活存，今係付現，手續如此，辦妥後余持款已行，覺存單交該行，該行並無押品收據，問經手人謂無妨，還款時只須持圖章說明即可，余由此始知台灣銀行界習慣，似乎手續嚴密，實際則未必中肯有用也。

3月14日　星期六　雨

師友

上午，訪李耀西兄詢前日來訪係為何事，據云渠上週始正式接任電力公司主計處長，感於公司內會計問題與有關章制極為複雜，頗願為余提出接任其原任之正管理師一職，以便研討與商量，詢余目前所執行之會計師業務是否有停止可能，及是否有興趣進入該公司，余

答以隨時可以停止，未了案件則業餘可以逐漸結束之，又據云此事在公司當局方面不致有何問題，現須注意者為中層有關人員須有布置云。中午鄭邦琨同學來訪，約劉振東先生及余在會賓樓吃飯。下午，到農林公司訪趙榮瑞君，託代買到奶水一箱、小袋麵粉兩包，即運回備用。下午，同陽明山受訓第廿一期同學之財政經濟小組召集人江德潛與下次小組月會擔任讀訓之徐嘉禾兄同到擔任記錄之鄭堯梓同學家，商談本月份召集會議之方式，當將時間地點費用交通工具等事一一決定，又將事前由余草擬之「三民主義之經濟政策」分題二十則提出初核，交江君付印，徵求全體意見後即行由各同學一一認定從事研究，期有綜合結論云。

3月15日　星期日　雨

聽講

　　上午，到師範學院續聽潘重規教授講論語，仍談上次選講有關子貢之言行各段，今日已畢，潘氏對孔門弟子中能言語之子貢特別刻畫其個性，有栩栩如生之概。

集會

　　中午出席山東漁農基金會，討論如何截止各項經費及如何籌措清算，以便造冊向財政部移交，決定即以本日為界限，但具體問題仍多，究竟何時能移交以及特殊帳項能否和盤交出，均是問題，蓋內容複雜，非官廳以前所知，刻已知之，可能退縮也。

3月16日　星期一　雨

業務

第七倉庫利用合作社解散事，月餘以來，因等候市政府核准之復文，故除呈報清算人就任日期外，他事全未進行，現據魏盛村經理向市府洽詢，據云不必等候復文，可即公告並著手辦理，今日遂將公告稿擬就，余復根據民法及合作社法之規定加以斟酌，認為大致相符，即將稿核定，內容為希望社員於一月內登記股票，存倉物品於一月內提清並繳付倉租，過期拍賣抵償。（已未過期情形不同，此時暫不加以區別，果有困難時再謀補救。）

3月17日　星期二　曇

師友

下午，訪張中寧兄，因日昨新中央橡膠廠以電話向余詢問其地點，準備將張兄存該廠之款歸還一部分，余告以知其地點而難憶門牌號數，如此稍得延緩，俾張兄籌思如何答覆也，張兄之意待此次到期再延一月，故託余明日以電話轉之，到期日張兄必到，刻間存款人黃君不在台北，須待黃君歸後始能另覓處所存放也。晚，楊孝先氏來訪，談地方法院又出傳票，為中美藥房事傳詢，詢余如何準備，余將前次應訊情形告之，楊氏又談其鑲牙用款無著，以前準備兌換之飾金，雖吃虧亦將兌出，又日昨聞海軍方面人士判斷，半年後恐我有反攻大陸之可能，彼時台灣之空襲難免，應作萬一之備云。

3 月 18 日　星期三　晴

師友

上午，新中央橡膠廠張之文會計來詢張中寧兄在該廠存款準備於二十七日還一部分事，余將昨日與張兄晤面情形相告，謂廿七日渠必到該廠，彼時洽定次月廿七日事非不可也，余見張亦不堅持，只謂可能時即於廿七日退還一部分，不可能時即再延一月亦可，故即告以事實上恐必終於延長一月也。與李耀西兄通電話，轉告劉振東先生之意並非必談電力公司本身聘為法律顧問，意在與該公司有聯繫之公司行號能間接介紹也云。

業務

下午，出席同鄉會茶會，係討論律師、會計師、醫師如何為同鄉服務，出席者醫師最多，律師次之，會計師只余一人，余報告對同鄉可以效勞者為會計商業及稅務之免費諮詢，實際業務亦可減折至七成或八成，常年顧問可減半，同鄉介紹業務酬三、四成。

集會

下午，出席國大黨團小組會議，討論中央所發題目國大代表如何在反攻中參加具體工作。

3 月 19 日　星期四　晴

師友

上午，李俊杰兄來訪，據談此來仍為活動謀事，虞克裕兄為之介紹至省黨部轉介至台中市黨部，據云待遇比政府機關為高，但似乎業已人滿，恐難以實現云。下午，訪楊孝先氏，帶去趙榮瑞君代換之飾金價款，楊氏

刻正躊躇是否移住汐止，因汐止中學校長周封岐曾代為租到房屋一所，目前防空聲中近郊房價大漲，如此刻不移，將來再租價高難覓，但渠住鄉不便，文化招待所亦不願放棄，故感進退兩難云。

3月20日　星期五　晴

師友

訪徐嘉禾兄，詢其里鄰名稱，刻紹寧為分發國民學校之便利，將戶口移至徐家，分發之權操之區公所，故又往訪宋志先兄，再託其與區公所主管人員洽詢，以免因及齡兒童太多而有向隅之可能，宋兄允明日即行前往叮囑，因查抄名冊刻已在進行中也。

家事

上學期衍訓在成功中學高中二年級成績劣極，四十二名中列為四十名，分數五十八分，不及格功課為數學與物理，國文、英文等亦只及六十分，操行列入丁等，今日來余處，余加以訓斥，囑其切實反省，知恥發憤，渠始而謂住校不能收切磋之效，且其幼年根柢不健，是真可謂勇於自我原諒者，余立即指斥其謬，始告無言，然由此可以知此兒之不長進無出息，殆已不可救藥也，余最後告以成年後決不能再作倚賴父母之打算，以後老大傷悲，當自貽伊戚，其實目前已不易亡羊補牢，不過作最後鍼砭耳。

瑣記

在台生存狀態有類半流亡，故生活力求簡單，消費力求節約，昔所不能者，今則往往困而能之，而德芳之

助則尤是多，今日合作完成二細事，均有一種滿足之怡悅，一為廚房在平地與疊席之地籠相通，廚房外庭內則養雞鴨數隻，蓄蛋為幼兒佐食，雞生蛋常入地籠，且地下糞便有礙衛生，久思隔離，無法著手，今日用熟煤簍去底剪斷，立成竹摺長五尺餘，高近二尺，更用廢舊疊席之草席二者加以阻擋，其事立諧，二為門前垃圾箱使用已久，洋釘多失作用，四面木板由活動而漸趨渙散，今日用以前損棄之木盆板將此箱之不能更相釘住處加以幫襯連結，居然原形立復，又可用數月矣，此外為窗門玻璃破碎後之換新，全家木拖鞋橡皮鞋面之重釘，室內外水道之疏瀹，花木之灌溉施肥，皆習以為常之事也。中央黨部編印全國名人錄由國民大會發來空白表格，於今日填復，並有類似小傳之稿紙一張，當將姓名、別號、性別、年齡、籍貫、學經歷、現職、特長、著作、貢獻等項一一寫入，特長寫會計金融，著作寫中國貨幣問題論叢民生主義之租稅政策，及日本的土地改革等，貢獻則寫在皖從事省行、奉令收購物資、推行省鈔、與敵從事經濟戰，及在魯於中央銀行復業前出而維持市面，不致發生籌碼問題。

3 月 21 日　星期六　有陣雨
業務

　　上午，到地方法院出庭為中美藥房違反國家總動員法案作證人，推事謂只為催余速將交查之帳冊繳案，余立即照繳，但渠又不收，謂須仍送還檢察處轉之院方，乃往訪史檢察官，渠又交書記官同余到該處外收發點

收，往返周折，歷二小時始畢。

師友

　　楊孝先氏來訪，詢問今日出庭情形，因渠亦接傳票，訂於後日應訊也。到力貿行訪李俊杰兄，知已回台中，與該號會計李明軒君閒談當前之台灣外匯管制問題，渠因經營進口業，故對若干實務問題頗多了解，如謂台灣銀行所發信用狀只為L/A而不能發出L/C，全為其國際地位不夠之故，以及進口不能辦D/A、D/P之真正原因，均中肯。

家事

　　姑丈來訪，談其買房建築執照糾紛涉訟後之進行情形，刑庭諭先行和解。

3月22日　星期日　陰

聽講

　　上午，續聽潘重規教授講論語，開始選講有關子路言行之篇章。

游覽

　　上午，實踐研究院小組依上月之決定在碧潭集會並游覽，十一時出發，在沈鄂同學家集合，先舉行會議，由余主席，徐嘉禾君宣讀訓詞，然後將余所擬之「三民主義之經濟政策」分題二十則交議，完全通過，但不復採集體創作之方式，而自由分認，自行研究，討論畢即將個人自帶食品打開舉行室內野餐，沈同學並供湯菜每人一盆，餐畢雇船游碧潭，一小時而返，歸途中並停車遠望石刻大佛像，三時半返。

師友

　　蔡文彬醫師來訪，余不在寓，德芳云係因其所租房屋之房東因匪諜案被捕而保安司令部人員即將接住，咄咄逼人，希望余轉託友人為之要求寬限，余即到信義路訪賴興儒兄，不遇，留字請其代為接洽，但據賴兄之夫人云，渠半月前即赴花蓮，可能日內返北，須俟其歸來後始能代轉云，余歸告蔡醫師，不遇，留字，及晚蔡醫師又來商量對策，余意該部催房人員並無公文，恐乏充分根據，如迫害過甚，不妨遞呈文請保安司令部救濟，至於本省人有地位者前往有所主張，亦無不可，經決定余明日代擬文稿，一面渠將約醫師公會理事長同往遞送。

瑣記

　　填報戶稅，國大代表收入全年二千四百元，十八歲以下者每人減 240 元，共五人，應未達起徵點。

3月23日　星期一　晴

業務

　　周旋冠律師告余，陳寶麟會計師正代表長記公司賀仁庵核算其債務額，望余密切注意免使余等所代表之債權人有所被歧視之處，余即訪陳，見其正在核算小船船員薪津，謂算法根據之法令以及和解之筆錄、法院之判決皆莫衷一是，且有細數與總數計算不符而即在判決書內為錯誤之記載者，更困難者為薪津之受償優先權以一年為限，則尚須按月依當時適用之辦法加以區別，由此種種之枝節，使二月四日所開會商定之事項不能立即向

法院報備取得破產法上商會和解之根據，十分焦灼，余
主張不妨從權，無論何種文件只須有數可據者，即採為
根據，俾可迅速作成公文，如在和解之法律根據取得後
尚可從容計算，最後余詢以金錢債務部分數目有無其他
問題，據答無之，余即告以余所代表之債權人部分經賀
仁庵提出有異議者均已表示不能同意，余當以公函向陳
提出意見，以作依據，至於債權人會議希望能依法在
債務人聲請之二個月內舉行，此日期刻尚未過，至於
二月四日之會則因小船船員未通知，似不能作為正式
會議云。

3月24日　星期二　晴

業務

　　為對於長記公司債權人之託余代理計算債權者主張
權利，將以前與陳寶麟會計師對帳時渠提出異議之戶頭
表示之意見轉達於陳，主要為欒文煉亦即張子文戶與鄭
旭東經手各戶，該公司負責人賀仁庵對此兩戶均有賴債
之意，而帳上又分明記載無抵賴之可能也。中美藥房查
帳報告書已經核對完畢，即加具封面用印送之該藥房債
權人代表會，此會代表人甚多，並無確定對象可尋，故
即送至其中之一金輅轉交。

3月25日　星期三　晴

業務

　　台北市稅捐稽徵處派員來洽商調查中美大藥房帳簿
情形，余將債權人代表會封存之部分亦即外帳部分交其

帶回，此部分帳冊多經稽徵處用印，但證明全屬偽造，
該處來人云去年曾由該藥房交該處帳簿數本亦有曾經
用印者，可見與此部分帳簿有相當關係，此外即為結匯
記錄亦在該處，余與來人洽定容日改向該處補查該部
分。嘉生化學器材行改組公司，前後夥之契約請余為見
證人，並允將來聘為常年顧問，余見其契約已由雙方代
表人簽字，遂亦在見證人地位蓋章，其內容為原獨資者
陳君因負債太多，決議以所存藥品作價三萬元改組為公
司，新參加者公司股東共出二萬元，充實資力，繼續經
營，以人力為增資而已。聞該公司早已改組完成，辦
理公司登記時係定資本為五萬元，由五個股東分任，
實際驗資後即不存分文，此種作法即為不負責任無本
生利之流也。

3 月 26 日　　星期四　　晴
師友

　　訪鄒馨棣會計師，探詢渠此次參加估價委員會農林
公司小組出發至各地察看工廠、農場等之經過，據云現
在估價標準有四，一為按物價總指數乘初置成本，二為
按物價分類指數乘初置成本，三為按重置價格另計，四
為按盈餘能力照合理利率計算，此四者究將採用何者尚
無定議，但可能分求四數後再選擇決定，此即以技術遷
就政治也。到第十一區黨部繳黨費，並查詢本小組總考
核不足分之兩同志之將來黨證問題。

3月27日　星期五　晴

瑣記

　　上月託劉振東先生代投財政經濟月刊之譯稿「如何穩定幣值」，今日該刊將排印大樣送來，由余作一度之校閱，除改正誤植字十餘外，余又審閱原稿，見該刊更易之處絕少，足見其至少對此文閱過後尚無詰屈聱牙之感，而文內所涉政策技術問題雖多，似乎均可由文生義，不勞推敲，是以未附原文，亦即未加對照，然余由此更加感覺沈重，因在余譯述中間確有若干再四推敲之處，不敢自信，如此行世，誠恐誤人也。

3月28日　星期六　雨

師友

　　上午，途遇魏北鯤兄，正欲赴台灣銀行訪虞克裕兄，余亦因久未相晤，乃相率同往，至則又值董成器兄亦在，渠由陽明山莊二十四期結業，前數日方下山，魏兄則派在二十五期之備補人員內，聞此期因係最後一期，候補者有一百餘人之多，此期以後即改變辦法稱為後期訓練云。賴興儒兄來訪，渠留字，謂由花蓮甫歸，關於蔡文彬醫師所託之房屋事，尚未晤及關係人員，余亟以電話告以事已解決，但未能接通。

3月29日　星期日　曇

聽講

　　續到師範學院聽潘重規教授講論語，仍為有關子路之篇章，為孔門最有踐履精神者。

師友

下午，曹璞山兄來訪，據云已轉調至省民防委員會
工作，又談其夫人在大陸已被迫離婚。

集會

晚，舉行國民大會代表行憲五週年紀念會，由莫德
惠主席，演說者有陳誠、張道藩兩院長，最後宣讀行憲
五週年感言而禮成，會後為餘興，首由雄獅部隊說相
聲，次為中華口琴會演奏中外曲五節，三十人合奏，極
見精彩，再次為魔術，演者李松泉，各節目多要求觀眾
合作，益見逼真，而且迅速乾淨，絲毫無懈可擊，在余
所見之魔術中，真有觀止之嘆，最後為電影，片係英製
「一代樂聖韓德爾」，攝製平平，色彩亦不鮮豔，但配
音為全部古典音樂，十分清晰悅耳，尚未終場因為時已
晏，早退。

3 月 30 日　星期一　晴

業務

晚，于兆龍氏約吃便飯，並談合作社結束事，自本
月十七日登記股票，現已半月，無一人前來辦理，可見
股票持有人絕少，全體社員一百餘人，除于氏家屬及其
友人外，百分之七、八十無人主張權利，故清算問題大
為簡單，只餘形式，不復有複雜之剩餘財產分配問題，
惟于氏本欲將社屋出售，而看房者雖有數起，竟無人出
價，不得已作第二步打算，即須減價或改為出租矣，至
於改售若干以及出租時應收租金若干押租若干，在于氏
未明白表示以前亦無從估定，蓋余等雖負清算人之責

任，而因本身絕無利害關係，遇事當不便自行作主，即
魏盛村經理亦然也。

3月31日　星期二　晴

業務

　　桃園縣警察局長馬超羣在宜蘭局長任內欠余公費
二千五百元，有意賴帳，余曾函託其向縣鄉鎮農會介紹
會計業務，渠最近覆函謂已接洽十三單位，但何時可
聘，未有肯定，余慮及有夜長夢多之可能，故今日去信
將空白聘書寄去，促其即速實現云。下午，中美藥房債
權人代表金輅來訪，謂查帳公費本擬早日支付，奈因上
訴又繳訴費，藥品賣出不多，致尚須稍候時日，又談余
之查帳報告書已交律師，余促其特加注意該藥房真帳尚
須補繳一點，在法院不可忽略或放鬆云。

4月1日　星期三　雨

業務

下午，出席會計師公會理監事聯席會，主要討論事項為關於承辦耕者有其田案內出售五公司之估價工作實際問題，緣經濟部因此事須於月內辦竣，而各公司參加之聯繫會計師亦均著手，其中關於會計師之責任、工作之方式、酬金之規定等三問題方囑公會擬定報核，今日遂就程烈所擬草案加以討論，修正通過後即將送經濟部，其中關於責任部分規定十分籠統，幾乎無關重要，關於工作方式中之一項，即證明書件如何蓋章，討論良久，有主由有關會計師自公會代表至各公司聯繫人與承辦會計師共同蓋章者，有主只須承辦會計師蓋章者，又有顧慮經濟部或只須聯繫人蓋章者，未獲結論，將視部方之要求為轉移，最後討論公費，草案所定為一百三十三工廠每廠一千二百元，聯繫人開會費一萬餘元，出發勘查費三萬元，共二十萬元有餘，至於內部分配以政府肯給十二萬元為預料數額，參加會計師八十二人每人一千元，聯繫人各加一千元，程烈再加二千元，餘二百元餘歸之公會，草草通過，完全假定也，余對此事無何興趣，根本未曾發言，其實此等辦法有大可商量處，例如顧慮政府不肯多給，何不分之公司負擔，每公司三數萬元即不駭人，又公會窮極，對會員辦案尚須扣收四成，此事既為公會總其成，而又亟須籌措會址，反不從此案公費內設法，殊為咄咄怪事，今日上午鄒馨棣會計師來閒談此事，亦多認為須慎重之處，開會提出未得反響，今日公會事往往如此。公會稅務九人小組接續

開會，商量所擬代審查所得稅辦法如何向財廳提供，使
其接受制成政府命令。

4月2日　星期四　晴

師友

　　第七倉庫合作社會計員兼在余事務所幫忙之丁暄曾
君經嘉生化學藥品公司延為營業員，因余與其經理王玉
圃君甚熟，託余與其商定待遇，因王昨日曾將此事託余
轉洽丁君，丁君接電話後即自行往洽，王君謂待遇只
三百元，丁君希望略增，余遂於今日訪王君，經洽定待
遇為每月三百五十元，而其所供之火食可以折現領回，
大約亦百餘元，合共可達五百元，歸告丁君認為滿意，
並謂其夫婦二人不致虧空矣云。

4月3日　星期五　晴

業務

　　參加山東漁農基金保管委員會，討論奉令交國庫署
接管之若干技術問題，決定結帳維持上月十五日之日
期，但另定結束預算，姑預定三個月，交接之期預定為
本月十日，帳目整理完畢後並請余以會計師身分代為查
核，由該會支付公費，惟暫無現款，現在一切結束費用
尚須待漁業物資保管處理委員會將應還該會之一萬三千
元及立達工廠之六千元陸續交到，始足以挹注，而此事
尚有所待云。

師友

　　冷剛鋒夫婦來訪，談正謀擴充刺繡業務，而無適當

地點可以授徒，詢余王春芳君是否由菲回台，將與其談合作辦法，冷太太目前係受農復會一蔡太太之託聯絡工人從事定貨，渠月只得二百元，實際繡品供不應求，蔡係燕大畢業，因大陸樣本無存，係由美陸續蒐羅已有數十餘種，目前在台已成不傳之密，將來大量出口必受歡迎云。

4月4日　星期六　晴

業務

第七倉庫利用合作社之結束事宜，余本不欲過問，但又無法脫身，全部社員百餘人自登報登記以來目前不過有蕭之楚與李乾棟二人登記，此二人據云均欠大社員于兆龍氏款項甚多，目前真正有股之社員可能只彼等三人，于氏立場頗不欲彼等以股東名義分其產業，此等過去恩怨，根本非余所知，然又不能一概不管，據魏盛村君云，不妨將財產數目算清後一律付託一社員（非于家莫屬）保管，陸續支付，究竟何人應付何人不付，余等一概不問，此自是一法也。

4月5日　星期日　晴

聽講

上午續聽潘重規教授講論語，仍為有關子路之各篇章，今日所講頗尠新義。

集會

上午，到社會服務處參加山東、青島兩省市先烈公祭，因今日為清明節，山東同鄉會發起集體公祭，到者

百餘人，主席秦德純，演說者有郭寄嶠、劉哲、雷法章
等人，靈位懸寫烈士姓名有二千七、八百人之多，無
名者尚不在內云。下午，出席區黨部召集之小組長聯席
會，據報告機關黨部正在撤銷裁併之中，一俟完成後即
須重新編組，新區黨部將與地方行政區一致，故古亭區
將來只有一區黨部云。

4月6日　星期一　晴

游覽

上午，同德芳率紹中、紹寧、紹因、紹彭到士林
園藝試驗所觀覽蝴蝶蘭等花卉展覽，其中有各地送展
之花卉盆景，多有佳品，其他花卉亦皆為外間不易栽
植有成者。

集會

下午，到省黨部參加省籍人民團體黨團工作會
報，余與吳崇泉係代表會計師公會黨團籌備會者，今
日只有中央與省黨部主管人員分別報告，並由一部分
黨團幹事會代表報告或提出問題，會後於六時聚餐，
七時即結束散會。

4月7日　星期二　陰

業務

上午，同山東漁農基金會孫伯棠主委同到林口與該
會職員研討結束帳目之方法，緣該會之帳已結至三月
十五日，並預定於本月十日前將表報交出，但因該會應
收回之若干款項迄今未能收到，因而必須清理之費用亦

一時不能付現，又上次會議通過之結束預算三個月中共一萬四、五千元，亦尚無的款可用，經商定辦法，將可收到之款作結束日之帳予以收回，一面將應付各款先行支出，如此在移交之前帳款已清，表示結束後仍由前任負責自行結清，至於結束費預算則將與工廠租戶洽商先借用三個月之廠租，雙方先行轉帳，實際收支再行商定，如此亦可以將前任之未了事項繼續了清，設財政部接收人對此提出異議，則再作交待云，又會內存倉庫之貨物，實際數目有所短少，亦須在移交之前將帳面予以調整，此事討論良久，因短少之原因有極不明白者，又不追究責任，此等情形雖硬轉至損益帳，勉求符合，然於理終未可通也，諸如此類，聞為該會人員紛唊數日而終未解決之問題，今日意見亦並未接近，但因最後取決於余，故由余以專家身分為之作最後決定，又該會對於應造送財政部國庫署之表報依據署令有不能了解者，經余說明，亦即了然，又此次整理帳目延余指導，在上次會議時，曾決定致送公費一千元，今日孫伯棠主委又謂此一千元包括去年終迄未付出之顧問公費五百元在內，不無纏夾之處，因該會實為曲解也。

師友

日昨中和鄉南勢角工礦公司工廠爆炸，死傷甚眾，余於今日上午分訪宋志先及于永之兩兄致慰。在林口訪宋延平君寓，與其新婚之林太太晤面略談。

4月8日　星期三　晴

譯作

　　十餘日來從事譯文兩篇，均於今日完成，一為美國 *Fortune* 雜誌二月號所載蘇聯問題專文四篇之一，題為「蘇聯新階級社會素描」，此文共長達一萬二千字，所述多為考察之事實，由其社會之不平等現象著眼發揮者，甚有趣味，文字亦極力由輕鬆格調加以運用，然仍嫌有若干比較生硬之處，二為美國 *Journal of Political Economy* 十二月份所載論文一篇，譯為「經由財稅政策到充分就業之路」，此文為純學術性的，其中說理雖極為詳盡，然有數處感覺理解之不易，此則余於經濟學素養不足之過也，此文連圖表六個計共有八千字左右，譯時所費時間比前文為多，尤其思索涵義時為然。

家事

　　下午，到姑丈寓所詢以有無與冷剛鋒太太合作開設繡花工廠之意，據云此事不甚簡單，對於冷太太之真實情形尤欠了解，余見其無何興趣，故不復深談云。

瑣記

　　接公產管理處通知，囑將所住房屋往換新約，余研究此事之關係在於新舊約條件不同，舊約為過戶時須完納教育建設捐（余屋為百分之十四，照該處所定出賣價計算），新約則過戶時須納違約金，照該處房租價十八個月起算，愈久則愈多，故今日之辦法有二，一為先行憑舊約由齊魯公司過入余戶，再行換約，二為先行換約，再謀過戶，前者須立即繳款，後者亦不宜久延，如此勢須籌款支應，究竟為何，甚為納悶，經訪土地銀

行公產代管部費慶楨經理，據表示私人意見，不妨暫行觀望云。

4月9日　星期四　晴

業務

上午，張子文君來訪，據云渠在余處所登記長記公司債權係用欒文煉戶名，長記謂張欠該公司款及糖等，早已相抵，但無帳及憑證，故曾由余向長記會計師陳寶麟表示不予承認，日昨長記賀仁庵語彼，謂陳可承認其帳，但須報酬千元，此語余認為離奇，因陳寶麟或不致如此無賴也，故囑其不予置理。晚，山東漁農基金會派員送來帳表，準備開會審查後移交國庫署，余將表之不合處加以指點，囑其持回重作，帳則明日再核。下午出席公營事業估價小組農林公司小組會計師同人會，抽籤分得台北茶廠表報一份。

師友

陳長興與于國霖兩兄下午同來，二人均外埠來，約晚飯小酌。訪崔蔭祖君於寶華，不遇。

4月10日　星期五　晴有陣雨

業務

上午，到山東漁農基金會指導其抄寫表報，經余複核後略將必須改正之處加以改動，即交關係人員加章後送財政部準備據以辦理移交，此項表冊既不整齊畫一，亦毫不美觀，余即未以會計師資格加用核訖之章。訪李崙高、周旋冠兩律師不遇。一至三月會計師業務收入

甚少，今日為申報所得稅最後一日，即據實申報，收入
八百元，支出七百零數元，申報表送萬華稅捐稽徵處分
處，淨收入未達起徵點。

4月11日　星期六　晴晚雨

師友

上午，楊孝先氏來訪，託余與吳先培君轉託楊綿仲
氏為設法在機關招待所覓居，余於下午到重慶南路吳兄
之公司留字請於下午下山後過余寓一敘，晚間吳兄來，
據渠考慮結果，認為楊綿仲氏必不肯多此一事，且不能
有效，決定暫不進行，以待下星期觀察省政府改組後之
人事動態有無適當機會，再行決定進止。上午，到稅務
旬刊社訪鄭邦琨兄，面交所譯之「經由財稅政策到充分
就業之路」一文，全文約七千五百字。

業務

永信行欒文煉君來訪，余未遇，下午答訪，知係
準備頂進進出口行，與余洽商如何訂立讓售合同，及
改組為公司等手續，余先告以原則，以待其雙方談妥
後再行進行。

4月12日　星期日　雨

聽講

上午，續聽潘重規教授講論語，今日開始講有觀
子夏之言行者，子夏乃孔門弟子中文學最優者之一，
今日所講多在第十九篇，此篇大都為子夏及其他孔門
弟子所記。

交際

今日為舊曆二月二十九日，乃余之生日，昨日則為德芳之生日，適前數日宋志先兄曾來探詢有無友人之研習化工者，欲謀一談，德芳遂介紹表妹姜慧光之未婚夫隋錦堂君，預定今日晤面，今日適為星期日，乃略備酒饌，分邀宋兄夫婦、姑丈、表妹及隋君來寓相聚，結果到宋兄與隋君及姑丈三人，宋兄所圖謀者為在市上發見日本出品染髮藥品一種，用法極為簡便，意若能再求簡便而在台配方自製，必可有大利可獲，隋君允為研究，而不能知有無結果也，姑丈則談及正製繡花女衣出售，利益極大，但可用之工人太少，故每月只出貨一兩打，欲擴充而甚難也。

4 月 13 日　星期一　陰

業務

台灣農林公司估價案內余所分得之茶業公司台北精製廠，已將該廠所造各表之數字交丁暄曾君為之核算完竣，並逐一核對其有無不符之處，經將所發現各點列成一表，又將應說明之事項寫成意見一份，並將各數字之總數列成比較表，將其中按物價指數估價與按重置成本估價之結果比較增減成一總表，此工作即為完竣，除純粹機械工作而外，無其他理論也。

師友

訪楊孝先氏，將前日與吳先培兄所談之楊氏住房問題所得結論轉達，容下週再行商討，楊氏亦以為然，楊氏又託余設法轉託他人換出黃金一兩，以備支用，謂此

為最後之財產，余即謂換後可不作直接消費，將款交吳
先培兄運用收利為佳，楊氏贊成，但不願向吳兄說明係
彼之款項，因而無甚結論，楊氏正在需款，余即先行墊
付一百元備用。

4月14日　星期二　雨

業務

李崙高律師來訪，介紹一訴訟當事人將託余代為計
算其標的物，先將所編草冊交閱，公費一節據云當事人
本欲託林有壬會計師辦理，定為三千元，現擬仍照此
數，其中介紹費由余定為四成，至於委託契約將於明日
率當事人前來商訂，又林有壬處所以中止委託，係因知
林在他案曾有挾持當事人之秘密有所要挾，在職業道德
上既不容許，亦不放心云。

師友

上午，訪楊孝先氏，面致允借之新台幣一百元，連
昨共二百元。下午，趙榮瑞君來訪，余託其回農林公司
時代託佟志伸兄買奶水，嗣於其電話時往面商，因今日
所存已多為次貨，決定稍緩一、二日有完整之貨時再為
代買，談竟並與廖國庥兄稍寒喧而返。

4月15日　星期三　晴

師友

上午，楊天毅兄來訪，據談其工廠之債權人無法可
以結成團體，而大戶中央黨部與其所屬之自由青年及正
中書局則亦畏首畏尾，不敢採何決策，在此種拖延狀態

下，渠本人既不能他往，亦不便他就，故其今日之當務之急為如何團結債權人使其有立場、有興趣、有重心以解決此項問題，但經與律師研究，應採取何種方策，尚無結論也。

游覽

下午，同德芳到新北投湯元里一號同鄉會房屋就其溫泉洗浴，同往者有紹因、紹彭兩孩，該處保管人為張敬塘兄，渠不在寓，由其甥劉君招待，薄暮返。

4 月 16 日　星期四　雨

瑣記

余前譯述之「日本的土地改革」，載於四月號「新思潮」，該刊已寄到，余按排印情形計算，計共二十三頁，每頁九百字，故總字數實有二萬。余原稿本有三萬，經主編唐昌晉修改，出版前支付稿費，按一萬四千字計算，故無形中打去兩個七折，原定稿費五十元千字，事實上已只餘二十餘元矣。此等方式之剝削，實無異於地主之對佃農。余於譯述此文時，於業佃之間的情形，認識與感觸俱多，不期而竟又身受，則奇遇也。

4 月 17 日　星期五　雨

業務

上午，李崙高律師同當事人鄭樹欽來洽委辦其與其弟鄭松柏為返還租穀事件須提出之帳目事，並同至鹿鳴春午飯，在座尚有另一台籍律師，余當將案情中可注意之點加以提出，略事討論，即將應辦各種手續洽定，鄭

君之委託書由余擬就交李律師處候其填送，下午余並
赴李律師處將向法院呈報之閱卷書狀分別蓋章，同時
將鄭已送來之公費半數取得，並將洽定應付律師四成
介紹費照送。

4月18日　星期六　雨

業務

　　午後舉行第七倉庫利用合作社第一次清算人會議，
討論自上月十八日登報登記股票及催提倉存物品所定限
期一個月已滿，應根據目前狀態為剩餘財產分配案之擬
定，此事著手前應有之準備工作，當於今日有所按排並
將全部資產負債加以審查，決定事項如下：一、資金方
面計有房屋兩所，以一所抵還約定之負債，以一所作價
八萬五千元（內器具作二千元，電話作三千元），又有
應收帳款等除去呆帳作為二千元，聯合出資金作為四百
餘元；二、負債方面，約計欠一萬元，股款六萬八千
元，此數較資產方面多出者即為一種資本公積，按股分
攤，如房屋不能賣出，即歸大社員承受，找出價款退還
其他社員；三、員工發遣散費三個月；四、倉庫逾期貨
之拍賣，延律師辦理，仍託周旋冠律師代理，預定致公
費一千元。

聽講

　　上午，到聯合國同志會聽農村復興聯合委員會委員
菲平氏演講該會之工作方針程序與計劃，所講為四年來
該會在台灣之成就，宣傳意味較多，余聽講目的一在知
美援中若干具體問題，二在練習英文聽講之能力，菲氏

所講較遲緩，能懂過半。

4月19日　星期日　雨

聽講

到師範學院續聽潘重規教授講論語，今日開始講有關子張之各章，子張為志切從政之孔門弟子，故語錄以干祿之類為特多，今日所講有分辨聞達二者之一段，極精彩。

師友

下午，參加同學茶會於台灣電力公司俱樂部，報告時事者有馬星野、方青儒、金平歐、張中寧等，張兄所報告者多為此次台灣省政府改組之內幕經過，以及此刻官場中派別紛歧與奔競無恥之各面，聞之令人啼笑皆非，且痛感今日大患之不止也。

4月20日　星期一　晴晚雨

師友

上午，周旋冠律師來訪，所談有二事，一為長記輪船公司之破產和解案輪船公會方面之會計師陳寶麟已出任財政廳副廳長，接辦之人以余為最適宜，望余注意及之，二為余前數日訪周兄，在代表第七倉庫利用合作社詢其拍賣倉存過期欠租品之手續，並洽商支付公費事，渠甚謙辭，暫無結論。靳鶴聲兄來訪，談財廳新廳長徐柏園允予以位置，其目標在菸酒公賣局，但徐尚未明白表示是總局或分局，如係總局尚須在主席俞鴻鈞方面有所活動，俞最聽吳鐵城之話，故今日即行訪吳氏，談竟

余約至愉園吃飯。上午，到南陽街為陳寶麟會計師出任
副廳長致賀。到信陽街為陳德馥會計師移入新址致賀。
隋玠夫兄晚間來訪，余未遇。下午到農林公司晤趙榮瑞
及佟志伸兩兄，取來託購之奶水一箱，據云市價已高五
成，且在奶粉昂貴聲中大可採用云。

娛樂

　　晚，與德芳同至第一劇場觀伊漱威廉絲電影「出水
美人魚」，色彩鮮麗絕倫。

4月21日　星期二　雨

業務

　　下午，全國輪船公會聯合會送來代擬長記輪船公司
與其債權人間所立合同，請余與周旋冠律師代表在余處
登記之債權人簽蓋，余詢之周旋冠律師，謂此項合同之
內容為將數月前該會所召集之債權人會議雙方同意各點
簽字送之法院，表示該會依破產法所為之和解已經成
立初步基礎，余將名單加以核對後，微有出入，即退
回修改。

集會

　　晚，在經濟部材料供應處舉行陽明山財經小組會
議，討論事項多為專題討論將來應如何舉行，決定下次
會討論耕者有其田出售公營事業，並先聚餐。

4月22日　星期三　雨

師友

　　與劉振東先生閒談，劉氏述其二十年來從事教育與

政治生涯之辛酸苦辣，極多發人深省之處，自云自讀書以來未嘗一日無抱負，愈是在艱難困苦盤根錯節之時，愈是鍛鍊考驗之好機會，劉氏謂與陳果夫先生兩段淵源，一順一逆，順時固使其所志有所表現，逆時更是戰戰兢兢，打開生路，此種見解為今日師友中所未見，蓋今日多俯就現實，略有見解者或則消沉沒世，尚能振作精神為今日或將來地步設想者，蓋空谷足音也。

4月23日　星期四　晴

業務

上午，依台灣高等法院閱卷通知書之時間到該院調閱鄭樹欽與鄭松柏返還租穀案之帳簿文卷，代理訴訟律師李崙高、陳有輝亦至，陳律師意卷內有細開之表兩冊，不妨先行核閱，但此兩表比較需時，且係陳君所造，故主今日不在院開始閱卷，俟今、明日陳君將兩冊抄送余處，先行核對，然後於下星期再到院閱卷，余亦以為然，經將卷送還，並約定於二十九日再行續閱。上午到周旋冠律師寓參加長記公司債權人代表會，決定因船聯會和解案進行遲緩，恐生他故，對財產執行因而向隅，故須立即向法院起訴，訟費按百之一由余代收，通知各債權人於一週內送到，連同債權憑證交余彙轉律師備用，會後同往船聯會訪理事長楊管北，不遇。中美藥房陳繼舜、方宏孝正由法院宣告破產，指定王培基為破產管理人，但債權方面於狀請之時本聲明請指定余充任之，余今日在法院遇王培基，渠尚謂法院指定固辭不獲，其實乃勾結推事，意圖分肥而已，余與債權代表鄒

希榮兄通電話商談其事，決定於下週一舉行債權代表會
討論。到商船聯營處訪儲家昌兄，不遇，徐可均氏，亦
不遇，與馮君談長記事，余今日訪儲之目的在為長記清
算工作作進一步之確定，因該會委託之陳寶麟會計師業
已轉官也。

師友

　　下午，吳崇泉兄來訪，談黨團籌備成立不容再緩，
經將有關事項加以商討，請吳兄與省黨部接洽，再作召
集之決定。孫典忱兄來訪，閒談。訪靳鶴聲兄，據云正
活動公賣局事，就經過情形而言，似希望甚大。晚，逢
化文兄來訪，閒談齊魯公司以機器出租與秦紹文、李
杏邨等經營，其中陸冠裳等七人之酬報事已代為接洽
甚圓滿云。

4月24日　星期五　晴

師友

　　上午，訪李耀西兄於電力公司，等候良久不遇，留
片，今日本為詢問其以前所談延余進該公司事，因談後
已久迄無消息，余於業務部署有時不能不多加顧慮也。
楊天毅兄來訪，談所營振中工廠因抵自由青年社之債
務，前經立據交該社管理，刻再加公證手續云。

集會

　　晚，舉行小組會議，討論優秀黨員選拔辦法大
綱，並商定自下次開會起改在吳治同志羅斯福路宿舍
舉行，並決定開會時間為每月九日、廿四日下午八時
至九時半。

4 月 25 日　星期六　晴
師友

下午，訪林樹藝兄，聞其將執行律務，事務所為浙江省銀行在南陽街之房屋，余目前所用房屋下月即須騰讓，詢可否參加一處，據云該房為三樓，彼所租為二樓一層，其中準備參加者尚有沈友梅、劉湘女、邱運煥、李楚狂諸律師，共五人，地方甚狹，余以為此五人大半係初次作此準備，實際或有變化，請其與其他各人再相機交換意見，林兄甚表歡迎，據云彼等本有約一會計師參加之議，但係何人尚未知悉，現自可再作考慮，至租金則全部只三百元，極低廉。

4 月 26 日　星期日　晴
聽講

上午，續到師範學院聽潘重規教授講論語，仍為有關子張之言行與孔子評斷語錄，今日所講有顏淵十二中之一章「子張問明，子曰，浸潤之譖，膚受之愬，不行焉，可謂明也已矣。浸潤之譖，膚受之愬，不行焉，可謂遠也已矣。」講理極為透澈，且極中人性之內在的缺點，為政者不可不察也，潘氏對前段以鄭袖離間魏女削鼻事證之，對後段以曹操自以偽為歪嘴詐其叔，使其叔永無信用一節證之，俱極貼切而生動，引人入勝也。

4 月 27 日　星期一　晴
師友

晚，應約到楊綿仲氏家吃飯，在座幾盡為政校同

學，計有廖國麻、呂之渭、黃德馨、吳德昭、朱曾賞、陳少書、謝人偉等，席間楊氏對於當前之理財者漫無理路多所譏刺，雖屬倚老賣老，然多屬中肯之論，例如中、交兩行存款在台迄今不付，大陸則付，楊氏向財政部有所申請，竟遭批駁，謂事關通案，不能例外，此種官僚作風，仍今日「通案」也。

業務

晚，出席中美藥房債權人代表會，余到較遲，據鄒希榮君云人數不足流會云。

4月28日　星期二　晴

業務

三日來大部時間用於鄭樹欽與弟爭產案之租穀清冊核對工作，該案代理律師陳有輝由第一審起所造之清冊上星期交至余處，謂第二審訴狀所附之冊係由此而來，余核對之結果，知大同小異，但本質上甚有區別，（一）上訴時曾引違反糧食管理治罪條例為其弟不得請求返還租穀實物之根據，故第一審所請者為現金與糧食，辯訴狀亦即按此計算，分成現金、實物兩部分，第二審則全部以現金為本位，故表內全部有折價之關係，因而兩訴標的不同，（二）原始冊之糧食數量由公斤折成台斤，未按台斤相當六百公分計算，係按每公斤相當一・六六台斤計算，致有尾差，折算單價時兩冊亦有尾差，冊內細數繁多，此部分遂不起核對作用矣。核對結果發覺原始清冊總數各數相符，而移至新冊後多有誤記或誤算，而此冊為第二審訴狀所附，是否尚有改正餘

地，萬一不能改正，則原始憑證與冊列不符又將如何，此實極繁難之問題，余於下午核竣後即到康定路訪陳律師準備面談，至則渠不在寓，留字，謂明晨法院相見，因上週曾模糊約定，恐其或有遺忘也。

4月29日　星期三　晴

業務

　　上午，按預定到高等法院閱鄭樹欽上訴鄭松柏返還租穀案之文卷，本案上訴人及代理訴訟律師李崙高、陳有輝亦按時到達，且始終在閱卷室，備有余不明內容者或加諮詢，至十二時始散，今日所閱者為有關於田地支出方面之證據，因事先準備工作較為充分，證據號數均與前數日所核之清冊可以互相對照，故不煩尋檢，得以之知清冊所列與原始憑證是否相符，今日核對之結果，已將昨日之信念變更，昨日認為原始清冊無誤而訴狀所附之清冊有誤計處，今日證明由原始憑證登入原始清冊之數更多舛誤，雖重大影響尚未必有，但余以鑑定人之立場雖屬分毫亦不可假借，故預定此案所費時間已不若現在覺察應費時間之多矣。下午，出席會計師公會理監事聯席會，報告事項有關於此次耕者有其田公營事業移轉民營案內五公司估價工作，應即開始續估固定資產外之全部財產，又公費奉經濟部通知不得過十四萬元，不知是否即係可發此數之謂，討論事項不過只有常務理事會辦事細則一種。

4月30日　星期四　雨

業務

今日終日在台灣高等法院閱卷室查核鄭樹欽上訴鄭松柏返還租穀案之帳簿、單據，其中帳簿部分為其未分居時之家用帳，記載甚亂，但頭緒尚屬單純，本日僅檢視其包括之期間，細數尚有待於一一核算，單據部分與帳簿無關，乃其田地經營上收租納稅以及繳納政府收購之大戶餘糧等糧食與現款收支之憑證，均由律師按冊列順序編有號碼，核對甚易，但遇有數單據合記一筆者須加以計算，較費時間，其中誤計者有之，即單筆之憑證錄寫錯誤者亦有之，均經一一記出，預備作為重新核算之根據，至此初步工作即已告一段落，故餘者為核計帳內數字與整理數目有誤之二事而已，今日又以所餘之時間將上訴之案卷略作檢查，又將第一審時對造所提之要求數目表加以對照，藉以明瞭雙方不爭者為何事，即可毋庸作過於嚴密之鑑定功夫也，閱卷工作必須在法院內為之，故時間上甚感侷促，法院職員又在內高聲談話，故工作效率無法不低，余見其他律師所閱者多甚簡單，當不感此等苦痛也。

5月1日　星期五　雨

師友

上午，訪吳先培兄，談楊孝先氏在半月前所託之住房事，據吳兄之意，自俞鴻鈞氏擔任省府主席後，楊綿仲氏有意向新任台灣銀行董事長張茲闓表示辭職，雖只係形式，然足見心情不甚寧靜，故此事不宜再行往託矣，目前楊孝先氏由於每月須負擔二百元之文化招待所房租，致收支不能適合，現如不能另覓適宜公家住處，自須另作挹注，對此點未獲結論。余代三合發詢其有無全額批准所請外匯之方法，此事為三合發許君所託，其意以為目前台灣銀行批准外匯大致只為十分之一，現彼需要五千元由日本辦貨進口，如照五萬元申請，須繳十倍之款，負擔一週之利息，渠願將利息三千元奉贈辦理其事之人，以期全額批准，余因吳先培兄所經營者為進出口貿易，對此當有了解，遂以相詢，據云此等事絕無把握，因在接洽之時須雙方均能憑信，渠曾要求雙方提供保證，因而未有結果，據云外匯審核機構構成分子太雜，無人能明白的有操縱變通之機會也。下午，逢化文兄來訪，為代一同鄉託為介紹至第四建築信用合作社借款，余寫名片，註明一切照章辦理。

5月2日　星期六　晴

業務

全日在高等法院核算鄭樹欽與鄭松柏租穀案內鄭樹欽之家用帳目，因完全為計算工作，故同丁暄曾君同理其事，此帳共為五冊，丁君算其二冊，余算其三冊，此

三冊內每日均有帳五、六筆，余以心算將每日之結數加
以校正，留待丁君再將每月數及每年數加以累計，今日
全日丁君將其兩冊大部完成，余之三冊局部工作，亦大
體完成，余之三冊錯誤尚不甚多。

集會

晚，出席革命實踐研究院第廿一期同學第三次聯誼
會，到者只十餘人，預定七時開會，八時始行開始，召
集人報告，籌備人報告，通訊研究部報告，臨時提議主
由大陸來台之宋選銓與斯拉夫籍夫人報告，一連串報告
至兩小時始竟，最後謂所預備之節目為音樂，出場乃演
唱流行歌曲，由歌女輪唱，低級之至，略留即早退。

師友

下午，訪楊孝先氏談前日與吳先培兄研討其住房問
題仍無結論，據楊氏云楊綿仲氏已在設法，目前問題尚
為看楊綿仲氏有無出主一個機關之可能，設有此可能，
則本問題亦有迅速解決之連帶可能也，楊氏讀書寫字，
寂寞中大佳事也。

5月3日　星期日　晴

聽講

上午，續到師範學院聽潘重規教授講論語，數星期
來所講皆為孔門十哲之言行，今日為其記載最少者如子
游、閔子騫等，至此已告一段落，將來為學說本身之部
分矣，今日講「簡」字，用老子「治大國若烹小鮮」之
義，潘氏所抄筆記「大國」作「天下」，余歸查辭海，
係用「大國」二字，潘氏講解小鮮之烹不能煩，謂燒魚

不能勤於翻弄，辭海則釋謂小魚烹時不能剖腹，二說意
思相同，但所用字眼不同，書此以為闕疑。

5月4日　星期一　晴夜雨

業務

　　上午，續到台灣高等法院查核鄭樹欽與弟鄭松柏為
返還租穀事件之帳目，今日賡續上週之核算工作，與丁
暄曾君共同為之，余將該帳最後一年之數，以上週每日
相加所得之數按日相加得一每月數，每月數相加得全
年數，尚有兩年之於上週均得每日數者則因丁君可以繼
續完成之，故下午余即未往，此工作今日可告一段落。
中午，當事人來談提出報告之日期，余與其約定本星期
六可以完成初稿，因明日起須整理資料，至星期五或尚
須到法院閱卷室作最後之核對也。下午，參加全國商船
聯合會召集之長記輪船公司債權人談話會，計自上次召
集會議決定循破產法和解程序進行，至今又已三月，當
時出席者或已起訴或在執行程序當中，多首鼠兩端，而
法院方面則對於此項和解之是否屬於破產法內之商會和
解亦不作表示，只謂執行程序不停止，然則事實上乃不
予認可，在此情形之下，凡未起訴者難免有向隅之嘆，
故本案糾纏經年，等於毫無辦法，最後決定和解繼續進
行，請法院不予拍賣，並請最難應付之小船船員能再
對大船主張權利，以排除解決之障礙，但如此等方法或
終於無效時，請各債權人仍準備訴訟救濟云云，此事由
於商船聯營處處理近一年來之表裡不一，明張暗弛，以
及債務人賀仁庵之挑撥運用，遂使治絲益棼，愈見渺

茫，而案內山東方面債權人或不以小人之心度人，信賴
和解之進行，或限於金錢之力，遲遲不予起訴，遂使捷
足者得有今日之優勢，益使問題不易解決，而各色人等
之爾虞我詐，不惜置人死地而獨求一己之生，於此案中
可謂表露無遺，人心至此，可勝浩歎。

內省

　　與德芳閒談，回溯抗戰八年，勝利後又八年，奄忽
將二十年矣，凡三、四十歲之人，其精壯之年華均一如
東流逝水，不復返矣，余所最感悚懼者，生平只知硜硜
自守，遇事缺乏開展，對面臨之機會多不能適時覺察，
或雖覺察而不能立加掌握，全力運用，結果掉以輕心，
因循坐誤，又生平不願求人，曲高和寡，遇事輒不能獲
友輩之幫助，結果自背井離鄉執業海隅以來，時時有孤
掌難鳴之苦，而與人永無經濟關係，見面止於寒暄，不
能誘他人以師我，復不能勉力以就人，其終必落寞不
聞，又何足怪哉！今日長記債權團開會，知船聯會方面
所聘會計師已由陳寶麟過渡於曲直生，此等人皆不具特
殊條件，余則未用全力進行，甚至未設計運用所代表之
過半數的債權，於是在最典型的山東人作事方法中，遂
不免於向隅矣，抑余近來對於會計師業務未能肆應裕
如，尚有他因，一為精力有限，在正辦一案時，往往顧
此失彼，不能如他人之大包大攬，二為自一月半以前
李耀西兄接洽余復任公營事業職務後，為顧及有隨時
實現可能，遂在業務上有時不甚作積極之想，三為怠
於奔竟活動或拙於金錢支應，乃遇事落後矣，此均須
自警者也。

5月5日　星期二　雨

業務

　　開始整理鄭樹欽案之租穀與開支總冊，自上週起為核對憑證數字，今日起將訛誤數字在總冊所占之地位核明，予以改正，以備作為核算新總冊之依據，因簽掣太多，故進度難速。中美藥房債權代表金輅、林光旭先後來查閱債權人地址，發出通知，因方宏孝、陳繼舜宣告破產，法院限期登記債權，請勿自誤。下午，李崙高律師派員來查聲請破產時之債權人一部人地址，準備代向法院申報，余即順便託其代為併辦余本人債權之申報，計去年三月二日期，四千七百七十元。與中美債權代表約定後日開代表會。

師友

　　張中寧兄來訪，談其湘西部下頗多在硫磺島受訓已成為美國步兵學校幹部者，此部分與第三勢力有關，在港每人月支美金二百元，來信問其有無經濟困難，亦光怪陸離現象之一也。吳崇泉兄來訪，商談加速籌備會計師黨團及所擬工作方案等。

5月6日　星期三　雨

業務

　　繼續校正鄭樹欽案租穀與支出清冊，今日已將應行調整之數字調整完成，事先並將其中證明不足與原冊有遺漏應補正之點與陳有輝律師交換意見，根據結果將冊內數字加以最後訂正，所餘只為純粹機械計算工作，即交丁暄曾君任之，因數字繁多，非旦夕可成。晚，李

移生兄來訪，談長記公司案，山東債權團正急於遞狀起訴，蓋經過船聯會儲家昌之操縱運用，使若干債權人坐視另一部分人之紛紛取得執行權，法院又不核可船聯會之依破產法進行和解，恐不免於將船拍賣，未告訴者竟將向隅，故決定立即起訴，據李兄云，儲家昌曾勾結債務人賀仁庵捏造債權，向法院起訴且已判決，事先曾洽請陳寶麟會計師為之造偽帳證明不果，事遂外洩，可見此人完全假借地位，圖謀自私云。

師友

上午，到蔡小兒科醫院為蔡文彬醫師遷居道喜。到南陽街訪林樹藝兄，據云尚未到該處執業。晚，于兆龍氏請吃飯，順便談及第七合作社之結束事宜，即告一段落，惟因少數帳項收付不能立即實現，致最後造清算報告書事尚須稍緩云。

家事

紹南下學期須投考台灣大學，希望住校，前聞張中寧兄云，外埠學生優先，乃於今日到區公所將紹南戶籍移至新竹陳長興兄家，由申請至取得謄本，只費時一小時。

5月7日　星期四　晴

業務

下午，到總工會出席中美藥房債權人代表會，因人數不多，只就該藥房陳、方二人破產宣告後應如何集體向法院登記債權事交換意見，並定於下星期二再開會一次，商討十四日之債權人大會應行準備事項。晚，到周

旋冠律師處將長記債權團債權人所交來之憑證彙轉，作為撰狀訴追之依據，至所收審判費用余均存入銀行，明日即可取出交來，但此係其中一小部分，另有大數債權人之費用據日昨李移生來談，尚在籌集，並逕行交周律師。

5月8日　星期五　晴

業務

上午訪周旋冠律師，將由華南銀行取出之長記公司債權團所交訟費一千二百元面交，以便渠遞狀時向法院繳納審判之用。開始草擬鄭樹欽租穀案之查帳報告。

師友

楊孝先氏來訪，面交中美藥房破產案內之申報債權書，託彙遞法院辦理登記，林鳴九兄來訪，代張李佐卿託代辦此項登記事，據林兄云，該款已收回一部分，又由魏壽永兄代該藥房開出統一發票向報醫藥費之公務人員兜售現款，從而收回又一部分，此外則林兄代為墊付數亦不少，故其債權憑證為七千七百元，其實未用之款只有二千餘元，惟在登記時只能將憑證上批明部分除去，其餘可不必提云。

5月9日　星期六　晴

義務

起草鄭樹欽與鄭松柏案之查帳報告書，共四頁，歷四小時而完成，即午在鹿鳴堂與當事人鄭君、其婿許君及代理律師陳有輝、李崙高從事研討，除文字法律用語

略有增改外，其餘皆認為滿意，附表則另行計算，較之陳律師原冊略有出入，但大致相合，余本將光復前舊日幣與光復後舊台幣混合計算，後據許君採擇意見認為前後價值相差太大，故予以分別計列，惟仍按法定折合率折成新台幣，折合前兩階段互有存欠，即先行抵銷，目的在示對造以彼此關係對等，任何一方不致因四萬對一之折率而感到不公也，今日起即先行編製橫式表格。

集會

晚，在吳治檢察官家舉行小組會議，到者甚為踴躍，但無公文可報告，亦無提案可討論，只由余宣讀耕者有其田社會調查大綱，並交換意見而散。

5月10日　星期日　晴

聽講

上午，到師範學院續聽潘重規教授講論語，今日開始講有關孔子論評當時人物之篇章，據潘氏云，除去不甚重要之部分外，預定於暑假以前將論語講解完畢云。

師友

下午，徐嘉禾兄來訪，通融用費，並閒談師友間情形，頗多是非，但對於楊天毅兄之糾結一部分債權人開會對抗自由青年社，以使工廠有收回再辦之希望一節，認為最後終必事與願違，且債權人未必有此興趣以供利用，此項觀察實屬正確云。

5 月 11 日　星期一　晴夜有陣雨

業務

　　下午，與中美藥房債權代表鄒希榮、金輅、林光旭同訪李崙高律師，對於後日法院召集之債權會議應行準備事項交換意見，同時對於明天債權人代表會所應討論之事項預作準備，其中最重要者為會計師人選問題，債權人推舉監察人問題。

師友

　　午後訪吳崇泉兄，將辦好之召開會計師公會黨團通知送請會章，並討論應籌備之事項。下午訪魏壽永兄，為張李佐卿在中美債權事請再將憑證送法院驗對。

5 月 12 日　星期二　晴

業務

　　下午，到總工會參加中美藥房之債權人代表會，到者不多，只分別非正式交換意見，大致言之，一為昨日截止申報債權，應先到王培基管理人處查閱申報人數，二為在押之陳繼舜之太太有將最後由港來藥交出之風聲，應先探詢其有無誠意，再作對策。

師友

　　晚，鄭旭東兄來訪，託詳查其在長記公司債權在該公司帳上登記之情形，聞山東各戶將以和解方式出之，該公司賀仁庵不願與鄭和解，故勢將出於訴訟之一途云。

5月13日　星期三　大雨
業務

下午，中美藥房債權人林光旭君就其所存之該藥房帳簿續查出數冊近似真實者送來，託余檢查，余因此項查帳案雖早已辦竣，但為繼續發現其新資料，故即照收。就余所查長記公司之帳簿所記原始底稿檢查日昨鄭旭東兄所託之事，結果不能得知其詳，只好另想他法，今日該案已由法院公告定期拍賣亨春輪矣。

師友

上午，同吳崇泉兄到省黨部訪主委上官業佑、主任涂少梅，僅與陳玉璞君談明日開會事。

5月14日　星期四　雨
集會

下午，出席會計師公會黨團第一次會議，地點在省黨部三樓會議室，由余任主席，省黨部書記長詹純鑑及第二組主任涂少梅參加指導，全數十一人，到者九人，首由余報告籌備經過，次由詹、涂相繼致詞，再由余宣讀重要法規三種，最後進行選舉，先商定幹事人數為七人，然後當場投票，即席開票，余及副召集人吳崇泉兄等當選，書記本應由省黨部指定，亦照詹提意見先行提名，請省黨部由余與吳兄中指定一人云。

5月15日　星期五　雨
師友

上午，訪隋玠夫兄，詢合作金庫是否接受各合作社

支票，據云接受，但余至營業部分接洽存款，又以交換時間已過，須從明日起息，余始決定非先取現不可，票據不易流通也。

業務

　　自上星期六鄭樹欽案之當事人將余所作查帳報告書底稿取去與杜律師商洽，至今一週，猶未退回，今日電話催詢，當事人之代表許君始來，謂又交李律師，但李並未退還余處，據云杜亦顧慮其案內租穀與現金可能法院判令分別拆算，故請余另製一表，將每年之租穀數收支相抵後以差額折成現金，再將現金收支數加入得到貨幣差數，此表與現在已製之逐年累積抵算者略有不同，余謂另製此表本無不可，但實際上稻穀支出甚少，如此一表反使法院或對造有請求差額實物之理由，豈非有弄巧成拙之虞？許君亦然此說，余請其再酌，渠將於明日上午約來余處商洽。

5 月 16 日　星期六　雨

業務

　　為長記輪船公司債權人鄭旭東之債權須再度查對該公司帳目，而此項帳目之下落今日輾轉探詢始知端倪，緣前日與原經辦會計師現財政廳副廳長陳寶麟通電話，渠云帳在接辦之會計師曲直生處，曲為立法委員，終日在外，直至今日始獲通電話，渠又謂帳不在彼處，遂再度問陳，陳云在其助手俞正處，但曾將此事告曲云，余與俞本識，陳則不知其處，余乃問陳事務所舊地之李律師始告知，然俞又不在其辦公之新疆省府，勢須延至後

日矣，余由此事又知陳、曲二人朋比包攬，俞則為唯一
之負責者，然實為一公務員，避名取實也。

交際

晚，與德芳參加山東省行舊同人馬麗珊之婚禮，其
證婚人乃余交卸後之青行經理。

5月17日　星期日　雨

聽講

上午，續到師範學院聽潘重規教授講論語，今日數
段仍為孔子論斷時人者。

業務

上午，到李崙高律師寓與鄭樹欽等商談其租穀訟事
之查帳工作，李已將余之查帳報告書底稿交回，文字略
有潤飾，多屬將普通名詞易為法律用語者，此外即為另
一杜保祺律師之意見，主張另加一表，將租穀收支現金
收支逐年列出，使推事易於了解而作判斷，但余對於將
租穀收支另行列出表示懷疑，因當事人至今只承認折價
攤還且須扣抵費用，今又將租穀提出，恐將對推事有不
良之暗示也，經即決定仍用折價計算，又余原表內有五
個期之穀價係根據陳有輝律師以前所開之價，而並無證
據，亦決定由當事人向糧食局從速取具證明，設所證明
者與前有異，則余之表內尚須作局部的變動也，本案律
師太多，反有莫衷一是之弊。

師友

下午，參加校友茶會，出席二十餘人，除兩三同學
照例報告時事外，有李鴻音同學報告半年來在美考察社

會事業之經過及在美華人情形，頗多發人深省之處，而美國遠東政策舉棋不定，使若干旅美中國知識份子亦多徬徨游移，殊為怪現象也。下午，趙榮瑞君來訪，談及以前活動於酒公賣局嘉義縣分局出納主任事，現已接訊知省府人事室已經核准所請，但將來仍須辦理銓敘，故正謀所以向人事行政機構有所應酬。

5月18日　星期一　晴

業務

下午，與陳寶麟會計師及其接替之曲直生會計師之辦事人員俞正核對長記輪船公司債權團內若干帳戶之餘額及收支經過，此部分全係鄭旭東所經手者，因非訟訴不能解決，故將其兩帳自四十年至四十二年之數額完全抄下，以備律師研究其法律關係，此部分帳戶餘額均為三月三十一日（去年）者，但皆由四十年初以前亦即金融緊急措施停止黃金買賣前所存入之黃金，至去年四月又有黃金借貸限制之命令，但此項結餘既在三月底，似乎亦無何瑕疵之可言，況所請求者為返還新台幣乎？余今日核帳時適曲及長記公司之賀仁庵亦在，余得見陳在今春所編製該公司全部債權人清冊，總數達六百餘萬，其中屬於去年八月以後者即達二百萬，亦有若干帳目不無可以懷疑者。

5月19日　星期二　晴有陣雨

業務

日昨抄錄之鄭旭東有關長記輪船公司存款各戶帳

目，今日將其變遷要點自四十年開始至四十一年三月底止之黃金分別加以摘錄說明，送周旋冠律師作為訴訟之參考。鄭樹欽租穀案今日委託人始最後將無從證明之數年穀價證據即糧食局主計部分之證明送來，決定照其中所列之價格與陳有輝律師原列不同而又無其他可據之價格者，即採用此項證明價格，實際只有民國三十四年之下半期，其他無改變之必要，經即將丁暄曾君已經抄好之詳表剔出此一部分另行填列，從而收支總表亦將據以有所改動，同時余又將各律師所核之余之報告書稿根據各人意見加以修改，其中有不易容納彼等之意見者，例如彼等多主張報告書內須隨時舉出一目了然之數字者，彼等因未見余之附表，遂有此主觀，實際此等數字夾述於報告文內，且更滋混淆，不能有一目了然之便利，為俯從彼等之見地，將設法於文內預留引證頁數之提示，使文與表能更有密切之對照作用斯可矣。

5月20日　星期三　晴

業務

　　辦理多日之鄭樹欽鄭松柏訟案，今日始最後將報告書與附表作最後之定稿，報告書內依各律師之意見每段均應敘及所解釋之數目，余試作對此項數目之增入，但結果仍行刪去，改用引證某表某行某頁之方式，以免使文字趨於紊亂，同時將表內之欄數行數加以註明，以便核對，此等附表共五，一為最簡單之收支總數對比，二為逐年收支總數之對比，三為收入方面之詳數，分年、分地列舉，四為支出方面之詳數，分年、分地、分項，

五為四表內一項即田賦徵實之計算說明表，其文字則均
將號數註明，至此已達極有條理之地步矣。下午，出席
會計師公會理事會，現任常務理事依原議已滿八個月，
提出辭職，此時各理事胃口又改，遂一致挽留，余亦贊
成，結果不改選，又討論公營事業估價已畢，公費日
內可以領到，如何分配之方式，決定先發會員，由各
組聯繫人統領轉發，總數約需九萬七千元，公會幹事
一千元，請客二千元，最後以所餘四萬元由公會購買
會所云。

集會

下午參加母校校慶雞尾酒會，並晤儲家昌、曾大
方、樊中天等同學有所洽談。

5月21日　星期四　晴

師友

上午，訪李耀西兄，據云兩月前渠所發動之延余至
電力公司擔任正管理師事曾與該公司朱一成董事長談
起，因該公司環境關係，渠目前對公司多聽總經理黃輝
負責，故此案宜稍緩云云，余謂是否尚須另外其他方面
之活動，據云無須，且亦不生效力云。

業務

本已定稿之鄭樹欽租穀案查帳報告書，其中有一附
表余只作一半，其餘一半交丁暄曾君依式製成，不料渠
問題滋多，余恐作出後亦有誤點，反不若自己動手，遂
於下午自行將此表製成，此即按年度計算兩造存欠及其
累積存欠之表，在本報告書附件內最為徵引多處者，因

詳略適中，可能審判中參考最多也。

5月22日　星期五　晴

業務

今日最後將鄭樹欽鄭松柏租穀案之查帳報告書繕製就緒，最後之繕寫項目為其中之年度別收支彙總表，此表丁君今日始繕就，余發覺其中所畫之紅線多有與余之原稿不符處，但亦無法再改，亦即聽之，最後工作為加封面裝訂，並讀校表列細數。

師友

晚，蘇景泉兄來訪，閒談。下午訪楊孝先氏，將中美債權憑證之繕本前派人由王培基律師處取回者轉楊氏於「證明繕本與原本無異」字樣下加蓋其私章，余往訪時楊氏不在，乃留字請於加蓋後由郵寄至衡陽路王培基律師處。

5月23日　星期六　雨

業務

日昨尚未到事務所時，租穀案之當事人鄭樹欽之婿許盛發來告丁暄曾君，謂將於今日下午來約至其岳家，與各律師共將此項查帳報告書加以探討，比至今日下午許君來謂今日只能約到李崙高律師一人，將欲取去報告書先閱，余意余之最後定稿對於李律師意見有採納處有未採納處，須當面加以說明，於是同至延平北路二段鄭家等候李律師之來，直至七時尚無蹤影，後來電話，謂須立即趕赴基隆，改約於星期一上午見面，經即改定時

間於余事務所再談，電話後即在鄭寓晚飯，九時返。

師友

　　張中寧兄來訪，據云其以前存新中央橡膠廠之三萬元取回後尚存在郵局，前日有友人介紹轉存中崙紡織廠，詢余意見，余認為尚無不可，因紡織業一般情形尚好也。

5 月 24 日　星期日　雨

聽講

　　上午，續到師範學院聽潘重規教授講論語，今日開始講有關孔子論斷人品之篇章，潘氏對於聖人、君子、善人、士、百姓、黎民、小人等辭均有確切之解說，而於「唯女子與小人為難養也」及「民可使由之不可使知之」兩章由女子、小人及民等字之含義，以闢除向來持此為攻擊孔子之柄者之誤解，可謂中其肯綮，潘氏講解中穿插若干故事，亦甚有趣。

集會

　　晚，在吳治兄家舉行小組會議，現在人數已達十五人，倍於疇昔，故反覺不易運用自如，此次為人數增多後之第一次會，發言者不多，僅報告公文及登記黨籍等。

娛樂

　　下午，同德芳在植物園看電影，片為英製「曲終夢回」The Tales of Hoffmann，全部為歌劇與芭蕾舞之綜合，而故事之含意則復深刻微妙，可謂佳作。

5月25日　星期一　晴

業務

　　李崙高律師今日來將鄭樹欽租穀案報告書取去，並作最後之交換意見，此案至此已告一段落。周旋冠律師來訪，當為第七倉庫利用合作社寄倉錨鍊事請為處分變價，以便早日結束，經商定請其代為具狀請法院拍賣。周律師又談長記輪船公司債權人之託彼與余代表者業已在法院與債務人完成調解手續參加分配，待此船拍賣，即可分款，余詢以商船聯營處之依破產法和解者是否作為仍在進行中，據云仍在進行不過解嘲而已，實際早已壽終正寢，楊管北不過被人踢一次皮球而已云云，余上週尚與船聯會副秘書長儲家昌談及此事，此人即係首鼠兩端，一面主持船聯會之調解，一面又勾結一部分債權人向法院起訴，自行製造矛盾，以便演變多端，最後仍不免於賣船之一途，而賣船係用法院拍賣方式，第一次必無結果，第二次、第三次即必減低底價，最後買船者仍將為儲君及其關係人也，現在如誠如周律師所談，則余夙昔本欲向船聯會進行之會計師業務，且與儲君約定內外同時進行者，亦只能洗手作罷矣。

師友

　　事先約定王春芳、冷剛鋒兩兄來余事務所晤面，至時均來，所商為其雙方均營織繡手工業，欲進一步配合合作經營。吳崇泉兄來訪，談自由職業收據貼印花事。晚，同德芳到和平西路訪隋玠夫兄夫婦，為其新居以來之第一次訪問。

5 月 26 日　星期二　晴有陣雨

師友

　　上午，到台灣銀行訪武稽核鏞，不遇，留片。下午，應趙季勳兄之約到信義路秦紹文寓與孫典忱、談明華、王金祥諸兄商談為張敏之、鄒鑑冤案訪保安副司令彭孟緝之談話方式，並於五時同往保安司令部，此次談話係於前數日去函約定，原函係以革命實踐研究院研究員名義請作私人晤見，故談話極隨便而詳盡，綜合彭氏所云，渠始終未能說出該案不枉，且字裡行間流露該案應由馬公當局負責之意，故案情方面渠已實際明瞭，但不肯表示平反有方，且謂該案證據無缺，口供實在，若謂所供多非實情，承辦法官在彼時匪情資料不充，實無由判斷，故渠對此案眷屬極抱同情，然認為不易翻案，余等於談話近一小時且將所知完全提供後告辭，仍歸秦寓檢討，余認為：（一）彭氏所謂法官對偽證不負責鑑別一節，似不合理，應請法律專家研究，（二）截至目前為止，辨白事實真相之工作已收成效，刻已是以斷定此案上下各方均無人可認為不是冤枉，（三）官官相護自古已然，此案至現階段法律問題意味漸輕，政治問題意味漸重，故今後之急圖為充分運用政治關係並作出種種姿態，使彭氏對此案決定辦法時不敢草率魯莽，或欲不了了之乃至長期拖延而有所顧忌，故山東各方人士尤其黨務有關之領導人物，應速從事於透過各種關係以使本案向其廣泛性有所發展云。散後已七時餘，應王金祥兄之約與孫典忱兄在小館吃飯。

5月27日　星期三　晴有陣雨

作文

從事寫作有關印花稅之短文一篇，前數日已將資料大致找齊，今日上午復在各書局從事蒐集有關之更翔實的資料，惜費時多而所得甚微，下午開始行文，已成其半，題材為關於自由職業之貼花問題，因新近高等法院裁定須照章貼花，實屬違法也。

師友

下午，同鄉甄田芝君來訪，謂其新市場木屋出租本年四月二日滿期，事前售之曹政初君，已付定金，並約定如屆時不能交房，須退定且加息，至時果然，而曹君不肯甘休，不退賣契，且勾結房客謂已轉賣現住戶，託余調處，余著其先找劉燦霞君居中幹旋，如不成功，再商進一步之辦法。張敬塘、張子隆、于仲崑諸兄先後來訪。

5月28日　星期四　晴

作文

繼續撰印花稅問題論文，因參考資料檢閱費時，加以會客中輟，故尚未完成，本來之內容擬談三問題，一為自由職業者之貼花問題，二為合作社帳簿免貼問題，三為印花分銷處之管理問題，刻因第一問題發揮已多，故決定以此單獨成篇，並為求詳盡，字數略多。

交際

晚，在忠園參加會計師公會公宴公營事業估價之關係人員，到客方四人，為行政院政務委員董文琦、水泥

公司董事長張直夫、經濟部國營事業司長金開英、財政部參事陳少書，遲到者並有經濟部長張茲闓，主方則為公會全體理監事及此次估價工作之聯繫人等，請客費用由公會所餘之統領公費內動支，菜餚甚豐。

5 月 29 日　星期五　晴
作文

今日將前、昨兩日所寫之印花稅論文繼續寫完，題為「自由職業者，勞務報酬，與印花稅」，將三月間台灣高等法院裁定認為律師公費非屬勞務報酬，應貼用印花，違章科罰者加以駁斥，主要論旨為勞務報酬之含意，自來依稅法均經列舉而包括自由職業在內，不可另作解釋變更其內容也，此點辨明後即說明免稅在四十年度以後，至若違章案件之覺察雖在四十年度以後而其稅款則屬於以前各年度者，則適用當時之稅率與罰則，此點與刑罰之從新從輕者不同，經司法院解釋有案，最後則就抗告案件之須先繳半數保證金一點規定加以說明，全文長約三千五百字。

5 月 30 日　星期六　晴下午大雨
交際

林樹藝兄前告訂於六月一日開始執行律師業務，余應為之賀，乃取第七倉庫利用合作社本未懸掛之鏡框一幀，送至鏡店刷新，並另加紅紙條於上下款，派人送去。

家事

　　前聞張中寧兄云，台灣大學之宿舍須家不在台北者始可居住，紹南暑假畢業於高中即須投考，為事先有備，此刻宜即將戶籍移至外縣，故於上月初至區公所取得戶籍謄本，將紹南之戶籍移至新竹陳長興兄家，此事直至今日將身分證寄回，始為辦妥，期間頗多枝節，一為其學校須呈報畢業，應驗身分證，經以證明代之，二為身分證不知何以竟為新竹戶籍人員將教育程度改為初中肄業，殊可怪也。

5月31日　星期日　晴

聽講

　　上午，到師範學院續聽潘重規教授講論語，今日所講全為有關君子與小人對比之篇章，潘氏解釋漢儒多將此兩名詞分指士大夫諸侯國君與庶民，以示治人治國有責者亦當於品格上具備先公後私之（公者義也，私者利也）素養，自宋以後始將二者解為品格高下之兩種人，其實二說均可通也，今日所舉之篇章有：君子喻於義，小人喻於利；君子懷德，小人懷土，君子懷刑，小人懷惠；君子和而不同，小人同而不和；君子易事而難悅也，悅之不以道，不悅也，及其使人也，器之，小人難事而易悅也，悅之雖不以道，悅也，及其使人也，求備焉；君子泰而不驕，小人驕而不泰；君子成人之美，不成人之惡，小人反是；君子不可小知而可大受也，小人不可大受而可小知也；君子坦蕩蕩，小人長戚戚；專章，最後一章潘氏認為孔子對君子小人心境之綜合的觀

察，認為做君子非必痛苦，作小人則決不快樂，蓋小人雖所求者皆合一己之私利，但其患得患失，終不能若君子之舒泰也。

6月1日　星期一　晴

交際

下午，到南陽街為林樹藝兄開業致慶，渠又談及余遷移事務所事，余告以非遷不可，此地如可容，請勿讓他人，渠謂現正考慮此事，今日開業者只見林兄一人，以前渠謂有印運煥將牽來，但未來，又有劉湘女、沈友梅將同時來，但不掛牌，亦未見其來也。

師友

下午到民主憲政半月刊社訪劉振東先生，不遇。吳崇泉兄來電話，謂武昌街之福台大樓不久將有空屋，擬與余合租為事務所，余答俟先候林樹藝兄之回音。

6月2日　星期二　晴

業務

中美藥房債權人林光旭來訪，談渠尚存有中美資料若干，將交余合併審核，又談破產管理人王培基曾向債權代表索酬金四千元，商洽結果拒不付給，又王在前次債權人大會時反對增加余為破產管理人，又反對設監察人，可謂窮凶極惡矣，林君已託律師到法院抄記錄將狀請正式增加破產管理人，據云法官曾謂因不知余地址而未指定，亦滑稽也。

交際

陽明山同學蕭煥復結婚，由其叔蕭之楚氏具名發柬，今日送贈喜幛一幀於蕭寓。

6月3日　星期三　晴
業務

　　鄭樹欽案之查帳報告書余本已送出，交之李崙高律師，十餘日無消息，上週渠電話云已交陳有輝律師，彼等尚有意見，陳將轉余，候數日不至，以電話詢陳，謂交當事人已一週矣，今日方欲再行查詢，而原件已經送到，其中附有李之簽條，仍主張逐段將數字加入，此為余已辦而止者，因顧慮每段必須有台幣、舊台幣、新台幣三個總數，摻入文字太過累重，反不清楚，經向李說明，渠仍固執己見，余為顧慮將來其訟事有波折諉責於余，故決定照改，此外另有一條大約係律師杜保祺所寫，謂日據時期台幣須冠以舊字，以示可照新台幣發行辦法按四萬比一折成新台幣，余對於此點認為過細吹求，然仍依上項原則接受，但並不將表上逐一加以改註，只在報告書內加一段說明，其實仍屬蛇足也，杜又有一點謂余說明其欠租減租額一點應加「證件核對相符」字樣，但證件甚少，只有人證之供詞，故於加註「其有證件者亦經核對相符」字樣，以上各節經逐一改入報告書內，重行發繕，其實此等律師所有者皆一偏之見也。

6月4日　星期四　晴
師友

　　下午，徐嘉禾兄來訪，談及據區公所人員云，省立小學採學區制，區內學齡兒童本應分發入學，但有若干學童係因此項規定希圖進入省立小學而將戶籍移入區

內，致人數大增不能容納，恐將來對於此等寄居之兒童
不能加入分發云，紹寧本為此將戶籍移至徐兄家內，現
悉採用此法者既多，問題又趨複雜矣。晚，楊孝先氏來
訪，閒談，謂其所住之文化招待所本由楊綿仲氏函請主
持人游彌堅改為不收費用，尚未獲復，又欲請吳先培兄
代為催促，但又悉吳兄對游另有他求，恐不能辦到，又
深感躊躇不能解決之苦，余亦感覺無力相助，楊氏以前
交余赤金一兩託為變賣，余當借付新台幣二百元，此金
則保存遲未為之兌換，今日勸其不必兌換，當將金面予
交返。楊天毅兄來談振中印刷工廠事已發動債權人託律
師函大債權人自由青年社及中央黨部第五組，請與律師
接洽如何商洽共同均霑利益之法，但此法恐亦只能虛張
聲勢，因自由青年將印刷廠接辦後已等於將廠抵債，焉
有吐出之理。

6月5日　星期五　晴

業務

上午丁暄曾君將已寫好之鄭樹欽案報告書本文交
來，當即讀校一過，尚鮮訛誤，下午，帶至事務所裝
訂，訂成封底加黏騎縫後交丁君填寫封面，不料新寫之
本文已比舊者加多一頁，而丁君仍寫舊頁數，經發覺後
又欲刮改，刮改在封面極不美觀，只得拆開，作第三度
之加封面與裝訂，適所用之線用完，只能將拆下者另
用，而長短僅足應用，打結不易，於是訂成後費時特
多，今日全下午之時間只此一事，可見做事非自己動
手，真有難於想像之波折也，此事將竟，當事人鄭樹欽

之子又來，謂代理人中一律師謂此項報告書最好能每律師各有副本一份，則律師四人需有四份，余方繕成訂本，對此實無法可想，只好請其自行打印矣。余對於上記瑣事，竟有意氣不平之處，對人表示不快，事後細思，實屬小題大作，且表示太無涵養，後當切戒。

6月6日　星期六　晴

業務

鄭樹欽租穀案報告書修正後本應早日送出，但今日與經辦律師李崙高電話聯繫數次，俱無反響，當事人方面本謂今日來取副本交印，至晚亦無消息。

師友

上午，訪宋志先兄，請再探詢紹寧分發女師附小事有無希望。晚，尹樹生兄來訪，談來辦出國考察手續，下星期回台中，渠考察題目為大規模之合作運銷，為期六個月，大約下月三日可以動身，又談在台所見社會事象光怪陸離，同為興感。

娛樂

晚，同德芳率紹彭到一女中看電影，片為「珍妮的畫像」，尚佳，惜只看一半。

6月7日　星期日　雨

聽講

續聽潘重規教授講論語，所講為關於君子之德行者，今日所講有甚精彩者，一為「毋友不如己者」，解如字不作高下之意而作不同道合之意，極平實自然，二

為三戒一章，釋戒之在得，得作貪婪解，年老不貪者，表示壯精之氣尚在，不老而貪者，亦證去死不遠，用意甚當。

師友

　　下午，吳治檢察官來訪，研究合作金庫是否票據法上之銀錢業，由業務上言之，其所經營者為銀錢業，由其設立之根據言之，則尚須進一步探究其是否具備銀行法上銀行設立之要件手續，余對此點亦不甚了然，允於明日向合作金庫查詢。

6月8日　星期一　晴

業務

　　鄭樹欽租穀案之查帳工作雖已完成並修改竣事數日，然因與聯繫律師未能約晤而始終未能將報告書交出，今日下午當事人鄭樹欽之子來謂亦未能將李律師尋到，故先將報告書副本交其帶回，另打成副本數份以便分送各代理訴訟律師，準備於本星期六出庭辯論，旋余又接李崙高律師電話，數日來始獲接談，乃即往訪，將最後修改之報告書正副本面交，請閱後轉法院，渠云第二次公費即日可以送來，渠又談及報告書內附表所列之若干無單據之支出，可否自行剔除，余謂無所謂可否，蓋此等費用雖無單據，而均係因襲陳有輝律師在第一審所造之冊依其緊接之期間比照列入，在情理上決不能超過實際，因比照前期者佔多數，按幣值言，此期有增無減也，況報告已改數次，亦不易再有更張也，此外又談及前次渠所談將介紹民生行訴案查帳工作，謂已由當事

人自行委託其他會計師辦理矣。中美債權人代表林光旭君來訪，將一部分渠保存之中美結匯單據與特殊帳目交來審核，並對於王培基會計師充任破產管理人之種種措施多所不滿，此人刻正調集帳簿，而於帳外之依法得以撤銷之抵押品，則未聞設法收回以充實破產財團之內容，可謂本末倒置，此人對債權人之意見又多不肯置信，且輕藐貪婪，貽人以不良印象，此案之將來殊未可樂觀也，林君又談刑庭方面之違反國家總動員法案明日又將開庭，詢余帳內有何必須提出之要點，余告以請注意余之報告書，特別注意追索其尚在隱藏中之真帳。

6月9日　星期二　晴

業務

第七倉庫利用合作社之清算終了報告書今日已由丁暄曾君最後修正繕就，其規定之格式為首列債權，次列債務，三列財產，四列分配項目，格式外並無說明，余以意度之，債權為固定資產以外之資產，債務為一切負債，財產為固定資產，分配項目則淨值也，依此則第一、二兩項總數之相抵餘額，再加入財產數所得之淨額應等於淨值數額，從而每股分配若干，亦由此求得焉，表就後分送清算人加章後即送出，但未知是否與市府了解相同耳。

集會

晚，舉行小組會議，由余主席，報告今日向區黨部探詢將來小組改劃之情形。

6月10日　星期三　晴

業務

鄭樹欽案之報告書本已送交李崙高律師轉法院，另以副本交當事人複印供各律師參加考慮，今日余尚未到事務所，李又將報告書送回，附有打印之一份，託余校對，同時將原本加以整理，因原本又為打印者拆散，未加裝訂也，余乃校對並裝訂，此為第四次矣，且原本為打字者污染不堪寓目，如此枝節繁多之案件，實令人難於應付也。

師友

陳天表兄來訪，仍係託余代向第四建築信用合作社存款，利率明二分，暗四分五厘。

6月11日　星期四　晴夜雨

師友

訪王讓千兄，託以市議員身分為紹寧秋季入學事向市府教育局有所交涉，渠當即囑余將信寫好致局長吳石山，吳不在台北，並另以名片介紹訪國民教育科鍾科長，信之大意謂有古亭區龍匣里學童某因家長鄉居且子女眾多，此女向居其戚徐嘉禾家，聞秋季此等學生將不分發省立小學，該生情形與一般不同，請仍照案分發女師附小云。

交際

晚，林樹藝兄約宴，在座尚有沈友梅、劉湘女、陳伯良、陸宗騏、喬廷琦、郭鐸等，均新識。

6月12日　星期五　晴

業務

　　鄭樹欽與鄭松柏租穀案明日在高院開庭，今晚鄭約律師、會計師在寓晚飯並交換意見，計到有律師四人，為李崙高、杜保祺、陳有輝、劉旺才，陳、劉二人為台籍，今日並約有鄭之佃戶三人，此三人係應傳明日出庭，證明其減租與欠租情形者，乃由二律師對三人開導其立場，因聞對造有收買佃戶之情形也。對余之查帳報告，亦分別交換意見，余對於各項證據均經一一檢查，認為真實可靠，至於法理上如何請求與對抗對造，則律師之事也。

6月13日　星期六　晴

業務

　　昨日陳有輝律師為鄭樹欽案曾向余查索以前交余之證據，今晨檢出送至其寓所，而渠已赴法院等候開庭，余乃又為其送至法院，此項證據為關係卅四年份穀價者。

娛樂

　　晚，同德芳到大有戲院看話劇，由夷光等主演王平陵編劇「香島春夢」，計共三幕，每幕約費時一小時，寫流寓香港之各種時代渣滓，如落伍軍人、政客、商人、交際花、新聞記者等之怪現象，主題在暴露此種病態，演來尚佳，但不甚熟。

6月14日　星期日　晴下午大雨

聽講

晨，赴師範學院續聽潘重規教授講論語，今日所講為孔子有關「學」字之言行，潘氏見解謂孔子精神以此為最大特色之一，孔子對其他方面常有謙遜之表示，獨於學字則一再當仁不讓，最後潘氏引王心齋之樂學歌以示學字之真義，亦有意致，潘氏由下星期起因事停講一個半月，並預定於八月二日恢復云。

家事

晚，在姑丈家吃飯，在座尚有隋錦堂及其同學曲君，將有事託曲君協助。

6月15日　星期一　晴

參觀

下午，同德芳到中山堂參觀張大千畫展，此次出品約五十件左右，山水居多，人物次之，其中有若干幅為方形，裱後不長，殆為日式低矮房屋陳設之方便歟？畫中有特色者數張，一為畫墨牡丹設色有異彩，二為畫人物有敦煌圖案影響，並皆佳妙。

瑣記

今日為端午節，雖社會多如常工作，然下午店鋪即多休息，余未到事務所，街市行人如鯽，多出門游玩者，余無餽贈收到，晨間著孩送角黍於楊孝先氏。

6月16日　星期二　晴
師友

上午，訪于兆龍氏，不遇。上午，訪祁建凱君於三重鎮三和路興中紡織廠，祁君為林鳴九兄之姪婿，少年英俊，該廠現有織機二十台，織布無利，現全部用於織造人造絲。

家事

為紹寧入學事，持王讓千兄及陳有輝律師之介紹片訪市府教育局國民教育科鍾科長，四次始遇其在辦公室，據云省立三小學應分發之學生超過容量三百人，已呈請教育廳指示辦法，尚未奉復，在此項辦法未到達前，尚無由著手辦理云。

6月17日　星期三　晴
作文

以一年以來主持一合作社之所體驗者，開始寫作隨筆式文一篇，主要資料為合作行政方面與合作社組織上之種種問題，上午先將前數日所集中之資料加以整理，分類予以登記，準備於行文時納入，計包括第七倉庫利用合作社所接政府各項公文之有關係者與有政府公報內所載有關合作社之公文等，下午開始寫作，今日所寫尚不足一千字，只為撰寫本文之緣起及合作社在我國經濟政策上之重要性及已有之地位等。

6月18日　星期四　晴

師友

下午，陳天表兄來訪，閒談二小時餘，渠對於當前世局之看法係由各強國之領導思想與哲學著眼，認為我國一般觀察國際局勢者多不注意此點，或不夠了解此點，因而時有淺薄錯誤之見解與言論，渠對於我國之不能基於台灣的力量與作法而回歸大陸，有其獨特之看法，絕對不抱樂觀，亦較常人為深刻，又談及林樹藝掛牌為律師後，曾約新領證書之陳岩松會計師至其事務所，但陳另有無代價之處所云。

6月19日　星期五　晴

師友

上午，朱興良兄來訪，談日前由台中來北，但並未調此間分行工作，余約其至錦江吃飯，結果因余誤聞侍役報帳之數為超過余所帶現鈔，竟由朱兄付款，迨欲改正已不及矣。下午張中寧兄來訪，閒談，據云其家用開支每月不敷千元，因存款利息太低，無由挹注，余能否為其介紹存入何處，余以暫時無十分把握，不敢報命，又張兄聞之空軍友人談稱，大陸共黨之飛機雖超過台灣，因第七艦隊協防及美國在沖繩島有重要基地之關係，故不敢犯台，以免來後有聚殲之危，故目前疏散非屬必要云。

6 月 20 日　星期六　晴

作文

　　三日來寫完「合作社組織的幾個實際問題」計共一萬字，第一大段論設立手續，第二大段論社員大會，第三大段論社員代表大會代表之產生，第四段分述此外有關之組織方面的問題，如社名、跨社、理監事互兼、信用社理事無限責任、聯合社之性質、社員入社前後債權債務之劃分等，此文屬稿以前本擬漫談業務等項，寫成第一大段後為顧慮篇幅太多，決定縮小範圍，只談組織，其他則將另文論之，未納入者計有免稅問題、信用社經營問題、代售印花問題等，為文之前由於所集資料與預期不同，輒不免有分割篇章之事，至於臨時擴大者則無之，因文章恆慮太長，不慮太短也。

師友

　　上午，分送小組開會通知時，託教育廳督學蔡子韶同鄉代為探詢教廳對省立小學應分發學齡兒童逾額之處理辦法，為紹寧事謀求解決。宋志先兄來訪，閒談。訪鄭邦琨兄於稅務旬刊社，閒談，並取來自由職業印花稅問題一文之稿費，並購該社新書。

6 月 21 日　星期日　晴

師友

　　下午，舉行同學茶會，席間有楊希震同學刻正參加革命實踐研究院建黨問題研究會之討論與設計工作，乃報告半月來進行情形，並有林炳康、吳望伋諸兄報告耕者有其田案內出售五公司問題，在立法院與行政院之爭

點為肥料公司之是否出售，刻間尚在疏通之中，最後有沈遵晦同學報告其所主持之電影檢查處最近因檢查問題與內政部及片商發生糾葛，內政部措施失當情形，報告畢即討論基金收支與未交之同學如何催收辦法，決定暫時至少須將去年底以前應繳之數繳清，至於若干同學已繳至今年此時者，希望他人亦陸續趕上云。

6月22日　星期一　晴

業務

　　租穀案當事人鄭樹欽之子來約與其代理律師晤面，余約訂於後日，上下午均可，今日律師方面送來鄭對造鄭松柏所託之查帳會計師俞兆年報告書印本，對鄭帳多所挑剔，惟大致均屬細節，且以單證不全為詞，就家用帳而言，則近於吹求也。

師友

　　下午，訪林樹藝兄，進一步研究合用其南陽街事務所事，據云現在共有五律師，一為其本人，二為原在該處之李楚狂律師，三為正欲遷來之邱運煥律師，四為劉湘女，五為沈友梅，此三人則尚未掛牌，並不甚來，林兄曾與洽商余事，未得要領，只云過一時期再說，余見此事確不簡單，故再度拜託為余注意，並待余之漢中街地址必須遷移時再作一度接洽，前日陳天表兄來訪時，曾謂林兄曾約陳岩松會計師（正在籌劃執業）來此共事，陳君因渠有適當地點而罷，此情如果屬實，則林兄豈非心口不一，余以旁敲側擊方式，詢沈、劉二人是否另約他人來此，林兄謂無之，即有亦謝絕矣，余即謂設

將來能容納他人時，當不致將余置之度外也。

集會

晚，舉行小組會議，為舊十一區四分部三小組與新七區七分部四小組聯合舉行，會後即將原有須移出至其他小組者為之一一辦理移出，今日會內進行事有二，一為舊小組指定報告研讀心得者，於今日報告，二為新小組選舉小組長，除余一票外，其餘全投余之票，勢須再幹一任矣，又決定今後開會日期仍為每月九日、廿四日。

6 月 23 日　星期二　晴

集會

上午，出席國大代表黨團小組會議，討論國民大會之舉行問題，事先照討論大綱分別發言，但多卑之無甚高論。晚，舉行實踐研究院小組會議，討論公營事業移轉民營問題，發言者甚踴躍，余提兩點意見，一為各公司之出售，須其事業目的不含壟斷性或特殊目的者，至於經營上則不必顧慮其股權之集中，因在事業目的上須防操縱，但經營上非集中不可也，二為估價增值之所得稅問題，應由財政部注意及之，希望依所得稅法之規定，固定資產升值應依公告物價指數為之，各其他事業不可定仿此辦理也。

業務

下午，為中美藥房陳繼舜違反國家總動員法案再次出庭作證，另傳者有魏壽永、楊續蓀二人，今日調查之目的在詢問當時封帳以及以後啟封與內容不相符合之經

過情形，余據實陳述，並補充請注意余之查帳報告所主張應根據陳繼舜日結表追查其真實帳簿一點，此外零碎帳簿，徒亂人意，不足採信云。

公益

中午，舉行山東漁農基金保管委員會，討論財政部等主管機關對於移交所發生之問題，決定推出孫典忱、許先登與宋延平三人代表與各部接洽。

6月24日　星期三　晴

業務

以俞兆年會計師對於鄭樹欽返還租穀案之受對造鄭松柏委託所具報告書與此案有關之原始資料加以核對，並與辦案律師陳有輝交換意見，大致有以下各類之要點，一為俞所提租穀收入數，多已不爭，渠未閱卷，又有開支部分渠謂無單證，亦因未閱卷，二為俞所發現帳列開支與他處所列分類細數表冊間重複，或數字計算不符，前者確有其事，後者則余在報告書已改，渠尚不知，但亦有彼亦算錯者，三為家費之節奢問題，乃屬見仁見智，無可評論，四為帳簿草率，憑證缺如，此在家用帳未可求全責備，總之俞君所提，除對於重複之帳本係律師整理時疏忽，可以採取更正外，其餘之所持皆甚薄弱也。

作文

下午，以五小時之時間寫成「合作社稅捐徵免問題」一文，多根據第七倉庫利用合作社之文卷內公文，與去年以來之省府公報內有關資料，及稅法等加以分析

綜合比較敘述而成，計共五千字弱，此文屬稿可謂最
速，然準備蒐集時間在外也。

6月25日　星期四　晴

業務

上午，鄭樹欽案之當事人許盛發等來約與陳有輝律
師晤面，余定為下午三時半往訪，至時則律師又不在，
謂下午五時半當到余事務所來，至時果來，謂關於昨日
所交換對於俞兆年會計師查帳報告之意見，為恐余後日
出庭口頭聲述之意見容或書記官記錄不及，請準備一文
字形式，以備面遞，又家用帳內屬於對造之個人用費請
余再到法院閱卷，加以摘錄，以證明彼等在家庭費用內
之直接責任，此外則陳有輝律師向余查詢余所加增之收
入部分大戶餘糧隨賦收購部分價款每年細數，余將查帳
時之底稿交其自行彙計。晚，起草明日後日到法院應
用之反駁俞兆年會計師報告書之書面意見，計兩小時
而成，共一千餘字，俞報告內多有錯誤，余文字極力
避免刺激。

6月26日　星期五　晴

業務

今日全日為鄭樹欽案到法院閱卷抄錄鄭之家用帳內
有關對造母子鄭松柏鄭松筠及抱仔之直接費用，因對造
會計師俞兆年曾摘錄一表指出若干開支屬於鄭樹欽等個
人也，余初意筆數無多，一兩小時可竟，不料愈抄愈
多，最後統計達七、八百筆，中間有五分之一尚由陳有

輝律師之助手幫查助抄，至下午四時始完，遂即交丁暄曾君連夜製表，今日查帳時並將俞報告表內所列之初審被告所提費用表內錯誤指出若干筆，為慎重計再加核對，結果余在編製報告時均早改正，只有一筆疏漏，俞之誤指則頗多。

6月27日　星期六　晴

業務

上午，為鄭樹欽鄭松柏返還租穀案到台灣高等法院出庭，今日為調查庭，到庭者當事人外即為上訴人律師杜保祺、陳有輝、李崙高、劉旺才，被上訴人律師吳鼎積、龔鑑及會計師俞兆年，本日推事所詢者大半為余所提之報告書，渠對會計毫無所知，故須一一為之說明，幾歷一小時，後詢俞會計師，法官對彼查帳報告並未重視亦不了解，略談即畢，此外即為詢佃農數人以證免欠租穀之數目，歷一小時半退庭，法官對此案極感棘手，囑律師試行調解，余今日出庭因係根據法官之「通知」，與律師同，而俞會計師則穿制服，詢余何以未穿制服，余謂此事高等法院尚未批定辦法，故不一致云。

6月28日　星期日　晴

師友

下午，李德民君來訪，閒談各業務機關自聘請美籍專家研究改善會計制度後，刻已有一方法在糧食局開始實施，其法即將預收價款不記「預收」科目，而逕記「應收款」之貸方，以俟全部物品取去即借記「應收

款」，是時即自然表現借方「應收」之餘額，此法只有
節省時間，在原理上言則不能隨時提供正確數字，除非
在製表前經過整理也。

閱讀

　　由於偶然之必要，研究所得稅法第五十二條在物價
增漲時提列固定資產增值準備之會計分錄方式，該條有
二公式，第一公式雖甚簡單，第二公式則因所見條文在
數處排印不同，乃大費鑑別之時間，其實亦甚簡單，憶
數年前曾過目即通也。

6 月 29 日　星期一　晴

閱讀

　　讀名記者斐雪之「史達林之生與死」（Louis
Fischer: *The Life and Death of Stalin*）之最後一章，論史達
林之死亡，著者乃以假定之命題推論史亡後之俄國政
局，兼及其社會之影響，頗多鞭辟入裡之論，今年三月
史死後之局與作者推論者多相符合，因本書乃前年出
版，尚不獲預見今日之大局也，作者所論特務與紅軍非
一體，農民與共黨多矛盾，認定蘇俄政權完全為秘密警
察所控制，亦屬的論。

6 月 30 日　星期二　晴

業務

　　為三合發公司許盛發君代至經濟部接洽出國辦法，
先訪田參事子敏，承介紹至商業司訪胡司長光泰，不
遇，與查幫辦及職員李君相晤，當索取工商人員出國申

請辦法之條文，並謂此外並無表格，凡呈送證件只須備文，余見該辦法可以申請出國之理由計有七種之多，所需證件各有不同，下午許君來訪，決定採用本國人受聘出國之規定申請，此項申請最需要之證件為擬往國家之本國使領館證明受聘之事實，與聘約發出人之公司登記手續在其國內已經完成，就此點論，手續上比其他六種為簡便也。

師友

午前到教育廳訪曹緯初兄，承介紹國民教育股孫股長談三省小分發及齡學童事，據云尚未奉廳長批定辦法，俟批定後即先行告之，以便為紹寧事設法，在批定以前似無由著手云。到農林廳訪李文周秘書，不遇，留字，請代覓資料下月四日帶下。

7月1日　星期三　晴

師友

　　下午，訪張景文兄於經濟部，請調閱工商人員出國申請用之書類格式，以供許盛發君申請之參考，但據向商業司查詢，業將卷宗放置鄉間，故決定改日到鄉間訪劉馥齋兄查出抄錄。晚，訪徐嘉禾兄，不遇，渠來訪，逢化文兄亦同時在，閒談關於楊天毅兄之工廠債權團事，又談及為余物色事務所事，尚無適當之結果，十時後始分別辭去。

交際

　　尹樹生兄後日出國考察，晚，此間友人卅餘人在自由之家聯合歡送，菜餚甚豐，余亦參加，計在座者尚有樓桐孫、陳烈、汪茂慶、李慶泉、陳岩松、蔡文清、張則堯、閻鴻聲、謝哲聲、熊國清、李錫勛、李子敬、張達、魯鎮湘、史元慶、丁履延、隋玠夫、劉修如、謝徵孚等，尹兄係按聯合國選送辦法而領取考察補助金者，為期計六個月。

7月2日　星期四　晴

業務

　　會計師到法院執行業務應否著用法定制服，在台灣尚無劃一規定，因昔在大陸時曾有之，故少數甚久執業之會計師即著用出庭，而曾在大陸甚久之法官亦知有此，故開庭時對會計師頗有作此要求者，例如上週余所遇之案即是如此，不過此間高等法院對於具體規定為何，則一直未復會計師公會之公文也，此事既已有此事

實上之要求，余乃以電話與會計師公會接洽，據云正開常務理事會，當即提出，並決定由公會先製一件供會員使用，因會計師在法院出庭之時究竟不多，一份公用或可應付也。

瑣記

本月政府實物配給全部為米，余詢之經辦之古亭區合作社，知上月尚有餘存少數麵粉可以搭發，即換取二袋，於今日取來，其折率為一斤麵粉一斤糙米，依市價米應低於麵也。

7月3日　星期五　晴晚大風雨

業務

下午，租穀案當事人鄭樹欽父子來訪，閒談其訟案纏累之經過，並詢余以本案之可能的結局，余所辦非屬法律，故只能將根據常識眼光所得之見解與之閒談。

家事

紹南下月即須投考各大學入學考試，今日余為之補充國文常識，將論語一書自首至尾選其比較常見之句易於作為作文命題者，及其中較長之篇章易於被取材為譯成白話之題目者，均行摘取提起注意並加講解，以作準備。

7月4日　星期六　晴

瑣記

昨夜颱風過境，以夜間三時半為風勢最大，門板及窗護皆發奇響，似將破入，附近路燈電線吹斷，冒出火

花，極為駭人，黎明雨停，天晴風微，出門視街路一片寂靜，余寓之竹籬倒坍其半，後門及板壁亦倒壞，而幾乎家家皆然，故尋工不易，乃買料與德芳自己動手，計大門外之竹籬與後門兩扇及木壁，計費時一天，全部完成，亦所謂雙手萬能也。

集會

晚，參加實踐研究院廿一期同學第四次聯誼會，首由主席鄭邦琨報告籌備經過，繼由倪副主任文亞代表報告第二期教育進行之情形，再次研讀院長訓詞建黨問題，最後決定通函海外同學致意，繼由鐵路局劇團演話劇「人約黃昏」，係由外國劇本改編，寫一間諜故事，只有一幕，並只二人，但對話精彩百出，引人入勝。

7月5日　星期日　有陣雨

家事

上午，率紹中、紹寧、紹因、紹彭四子女到安東街姑母家訪問風災後有無損失，見只院外籬笆吹倒，房屋則無恙焉，可見其臨時性之房屋，建築工料尚非甚劣者。

瑣記

余任黨部小組長，因一向來文特具重要性者不多，故習慣上每月兩次會議時處理公文，以免零碎繁瑣，今日余不在寓，忽有區黨部派定之人楊君來詢今晚開會地點，余不知何事，急急檢視來文，始知區黨部規定本日舉行黨員政治測驗，余尚未通知，亦未準備，乃趕往與楊君及黨部分別接洽，將日期改定為九日，一面迅速

通知全體黨員準備考試之事項，另將參考書籍放置於余之事務所，備各黨員前來研讀準備，因書籍每種只有一份，無法傳閱，且亦無力複印也。

7月6日　星期一　晴

師友

上午，訪張景文兄，不遇，與賈科長洽請轉商為許盛發君檢閱申請出國之文件成例以作參證。上午，到石牌訪蘇長庚同學，洽詢其所介紹之放款於工商業情形，當開出案件十餘，余帶回交魏盛村君與洽借之廠商研究。上午，張中寧兄來訪，約同至國大秘書處領款，據張兄云，渠數月來收不敷支，只靠教課彌補，但有待遇高低之不同，自四十元每小時至十元每小時，大相懸殊，太低只好不就云。

7月7日　星期二　晴

師友

上午，吳竹銘兄來訪，託為一台灣友人接洽借款五、六十萬元備完遺產稅。上午，到國民大會秘書處為曹緯初兄所託之其友人之學歷證件上保證人之一徐軼千兄蓋章後，請用印證明徐兄之身份，辦妥後即送至曹兄處，不遇，留交。到教育廳訪國民教育股孫鴻章股長，詢省立小學下學期分發學生問題，據云廳擬辦法為先盡量就全家在學區內居住之兒童分發，如有空額再就寄籍兒童分發云。到內政部訪李錫勛科長，索合作會計資料，不遇，留字請便中交下。下午訪隋玠夫兄於合作金

庫，託其將今日由銀行取出之存款四千元代為在該庫以
行員身分代為存入，利息較為優厚。以電話催張景文
兄，請其代許盛發君在該部鄉村管卷部分調閱申請出國
所用各種文件之式樣，張兄允即行辦理，並俟調到以電
話通知云。

集會

　　晚，在忠心幼稚園參加七區七分部九小組之小組會
議，以協導人員身分協辦黨員讀書心得測驗，余將題目
分發後，略作說明即先退席，考卷囑明日送來。

7月8日　星期三　晴

閱讀

　　看老戀作「故都蒙難記」，又名「惡果」，為前聯
合版所刊連載長篇小說，約四十萬字，寫三十八年北平
易手前之政治、社會、教育、文化的縮影，而以孔氏全
家命案為線索，加以貫穿，有時極精彩緊張，有時沈悶
冗長，惟大體言之，瑕不掩瑜耳，書內人物有極熟識者
如何仙槎，圍城中返北平，奔走和平，投降自討沒趣，
並以倒裝手法寫其在山東為廳長、為主席二十年之經
過，均大致不離事實，於以見書內故事均接近真實也。

7月9日　星期四　晴

師友

　　蘇長庚兄介紹為廠商貸款之藍維德君今日來晤，但
又堅不欲與廠商立即晤面，謂放款不能太過分散，招搖
堪虞，最後謂可只作一家一試，數目不可太低，又吳竹

銘兄所介紹之地主押款完稅，因藍方限於廠商，致未允洽辦，余即走告吳兄並另謀其他方法。下午，陳天表兄來訪，託向第四合作社辦轉存款手續，並談著作 Dualism of Chinese Thought 經過。

集會

晚，召集小組會議，舉行研讀心得測驗，余並趁時辦理各員上半年有關之統計。

7月10日　星期五　晴

師友

上午，到中國農民銀行訪董成器兄，並同到土地銀行訪劉承章經理，據云該行對不動產為抵押之放款根本不能承做，對余所提出代吳竹銘兄之友人以房產為抵押品借款完遺產稅一節，無能為力云，又董兄刻正代于文章君辦理向教育部申請參加留學考試及申請辦理入境證，二事均須保證人，約余各任期一，當即照辦，並請逕至國民大會用印。

業務

第七倉庫利用合作社之清算登記證已由市府發到，此為第一號，可見其他方面之合作社多不能照法定程序辦理，今日報載第三倉庫社竟無人負責辦理經年云。四至六月會計師業務略比前季為佳，日昨向稅捐稽徵處申報所得，收入二千七百元，支出二千三百餘元，淨收入三百餘元，仍未達起徵點，因須月達三百元始行起徵云。

7 月 11 日　星期六　晴
師友

上午，訪楊孝先氏，閒談其生活狀況，據云文化招待所房租已減低，火食照舊，而內容大為減色，余正計畫為之設法補充。上午，訪蘇長庚兄，將文華造紙廠之生產情形概況交請轉交出面接洽貸款之藍君，請迅速以有效方法介紹俾獲成功。吳竹銘兄與張龍翔同鄉來訪，談代一台灣友人接洽借款完遺產稅事，將請一廠家出面向藍君接洽。晚，逢化文兄與閻若珉兄來訪，閻兄由台中來此，約定於後日來寓午飯，以資暢談。

7 月 12 日　星期日　晴
家事

上午，因紹寧畢業於忠心幼稚園，該園召開懇親會於第一女子中學，乃同德芳率紹寧及紹彭前往參加，首舉行儀式，有演說與發給文憑等節目，繼舉行游藝會，以歌舞表演為主，計有十四節目，歷兩小時始畢，成績大體尚佳，紹寧亦參加二次。

交際

國民大會黨團小組改組以前歸張益東為召集人，補助費向未支用，乃以積累之款在會賓樓於今午聚餐，凡兩席，席間並漫談關於國民大會之召集問題。

娛樂

晚，同德芳率紹寧到植物園電影製片廠看電影，演「斷腸花」（Maurier: My Cousin Rachel），有譯名「瑞芝表姊」者，主演者 Olivia de Havilland 主演，極能刻

劃此主人公之心理狀態，可稱佳片，惜剪裁太多，故事
多未完全表出。

7月13日　星期一　晴

交際

中午，請閻若珉、逢化文、魏盛村諸兄吃飯，閻兄
自來台後，四年未能晤面，故為之接風，逢兄則時時約
飲，久久未報，魏君則在合作社時期常有餽贈，亦覺無
以為答也。

師友

晚，蘇景泉兄來訪，談所服務之台灣大學暑假已經
開始，正籌備招生考試之中，又閒談最近為學校經費稽
核問題解聘盛成、鄭學稼兩教授之事件真相。

閒談

一月來在廣播中聽講 Essential Idioms in English，
今日已畢，惜不易記憶耳。

7月14日　星期二　晴

閱讀

閱公孫嬿作小說「海的十年祭」，計小說「海的十
年祭」、「斷腸紅」及「生命悲劇的二重奏」等三篇，
另有蘇雪林長序一篇，三篇中第一篇最富於幻想的氣
息，第二篇寫濃烈而不圓滿的愛情，極盡曲折入微之
至，第三篇形容人生的不好安排與美術的鑑賞眼光，愈
無常便愈美，亦富有道不盡的哲學意味，皆力作也。

師友

下午，訪張景文兄，參考其在經濟部所調之工商人員出國申請格式與證件等款式，照抄一份，備供許盛發君之參證。晚，廖毅宏、曾大方兄來訪，廖兄仍在第十酒廠任廠長，出品高粱酒、太白酒及米酒等，曾兄刻在公路局服務，原在電影公司，無故被調換，乃向財務委員會請求補救，經主委兼省府主席俞鴻鈞派至該局云。

7 月 15 日　星期三　晴

閱讀

閱張秀亞散文集「三色菫」，文字清麗，富於人情味，雖多幽怨，而不消沈，女作家之不可多得者，余最以其「山城之子」一篇為佳，寫一幼年工役，繪影繪聲，刻劃一種兒童的純真，由極平凡的故事中襯托而出，毫不跨張過火，描寫手法極為成功。

師友

晚，趙榮瑞君來訪，談本星期日將動身赴嘉義就菸酒公賣局之職務，至於以前代李德民君經手運用之款項，將按月由其友人李君送至余事務所，余並託其對李君說明此款並非普通情形，務於有困難時早為之計，以免臨時措手不及云。

寫作

晚，將「合作社組織的幾個實際問題」一文作第二度之校閱，一方面作文字上之修正，另一方面將脫稿後又發現之政府方面的資料，斟酌加入文內，以期適時。

7月16日　星期四　晴

師友

上午，應崔唯吾氏之約在武昌街十八號集議張、鄒冤案昭雪進行方式，到者尚有裴鳴宇、孫典忱、叢芳山、談明華等，決定應在中央黨部發動，使成為黨的問題，使保安司令部不能認為專從軍法上彌縫即以為已足，並使其知山東地方人士絕不能以敷衍方式草草甘休，自然即有鄭重考慮之後果，發動方式為由山東、青島兩黨部及在此之各縣黨部負責人員向中央黨部表示不能昭雪絕不罷休，如此將氣勢充實起來，即不虞當局之玩弄文字塞責蒙蔽矣，此外崔氏主張向保安司令部閱卷，多以為欠妥而罷。下午，到中國地方自治學會訪主任秘書蘇銘芳同學，面交「合作社組織的幾個實際問題」一文，請轉該會半月刊發表。訪王讓千兄兩次，商量紹寧下學期入女師附小事，據云可以將姓名戶籍開送市府教育局轉請教育廳分發至省立小學云。

業務

下午，鄭樹欽父子來訪，謂二十四日租穀案繼續開辯論庭，無論法院對余有無通知，均請余屆時前往。下午，許盛發君來取去余代在經濟部抄來之出國文件格式。

7月17日　星期五　晴

師友

上午，依昨約到中山堂市議會議場訪王讓千兄，渠即分別與教育局長吳石山及國民教育科鍾科長談紹寧入

學事，王兄初以為係在春間學齡兒童調查以後始行設法請分發省立小學者，故需要去一公文，後知係在調查之內不過為戶籍移至區內友家者，遂將紹寧身分證及徐嘉禾兄戶口名簿取去，謂將為之登記，雖此事之究將如何辦理，無從想像，但由教育局主管人員之表示以觀，似乎並無何等困難者然。

7月18日　星期六　晴

業務

下午，出席會計師公會理事會，討論事項中有任顯羣組設法律會計事務所而其中無一會計師，乃根據會計師法規非加入公會不得執行業務一點，決定登報予以警告，此案由徐光前動議，附和者眾，未知有無其他作用，余發言主文字簡單，當修改發稿。

師友

晚，應于兆龍氏約晚飯，在座尚有劉澤民、魏盛村等，于氏談及漢中街房屋不賣亦不全部出租，將以店面歸魏君開店，樓上一部分出租，並望余不遷，余謙遜但未肯定表示。

7月19日　星期日　晴有陣雨

公益

中午，在第四建築信用合作社出席山東漁農基金會，討論財政部對於會內放出之帳及墊出之款不能接一空帳了事應如何對策，決定將欠戶逐一審查，凡應追償者追償，死亡絕戶覓證明核銷，庶幾所餘之問題帳目不

多時，部方接辦不難，始可解決也。

見聞

　　昨日會計師公會通過登報警告擅立法律會計事務所之任顯羣律師，散會後即送稿至中央日報，並由徐光前理事先行洽定預留位置，今日見報上並未刊登，反之新生報上有劉友琛會計師之啟事一則，謂於十六日起加入羣友法律會計事務所執行職務，余忖度此事變化之方式不外二者，一為中央日報受脅迫或利誘緩登此項啟事，二為任顯羣與公會常務理事中人連夜造成妥協，而走漏消息之原因必為昨日會場中之理監事或常務理事於會後出賣公會向任送秋波，或以交換條件賣出者，聞公會理事會正於今日開會謀應付，余深感無味，下午路過立法委員黨部，見劉友琛在彼地等候電話，渠解釋此事，謂與任有言在先，登報則由於臨時要求，渠肯於為任解圍之原因為任己知人緣不佳，今後當勸其知所警惕，此蓋一派官話也。按此事發動之初，究竟內幕如何，尚未獲知，更由變化之速以觀，甚至可能是發動者利用公會聲勢為其個人交換牟利之資本，果屬如此，其肉殆不堪食矣。

閱讀

　　閱吳相湘著「紫禁城秘談」，寫自永樂以來北京五百年來皇城宮闈之秘密，作者曾在平閱覽檔案甚多，對若干說部所寫宮廷怪誕附會之故事加以辨正，其所本者以孟森（心史）教授所著論若干文字為張本，尚稱充分。

7 月 20 日　星期一　雨

見聞

　　晚，鄒馨棣會計師來談會計師公會星期六警告任顯
羣之啟事未能在中央日報登出，係由於虞舜以電話向該
報通知，昨日公會理監事開會有認為須進一步向任表示
者，謂會計師不能與非會計師合作，故律師不能與會計
師合組事務所，此則近於咬文嚼字矣，且前日之事最重
要者為登報，此著一輸無法變贏矣，故余認為就現狀論
只能對付虞之破壞會務，至虞為一單純之內奸抑或為在
他人導演下充一蔣幹腳色，則亦煞費思考也。

7 月 21 日　星期二　晴有陣雨

師友

　　上午，楊天毅、靳鶴聲兩兄來訪，談于兆龍氏所託
與農林公司陳舜畊總經理接洽出賣長沙街房屋事，宜於
上午前往，乃一同前往，孰料陳於數日即下鄉，日內
不返，當即此情以電話與于氏說明矣。下午，吳元吉君
來訪，探詢藍維德之所謂貸款事，究竟有無其他情形，
余謂就余所知，經友人說明，似乎無他，但亦有若干不
能十分了解之事，故究竟如何，目前尚無由斷定也。曹
緯初兄來訪，謂教育廳對於三省立小學分發學區兒童之
公文尚未出門，但余告以各報均已登出，教育局似亦在
準備分發且預定有期，余意教局刻在進行者必係先辦市
立各國民學校，然則省小之分發必係一面等候公事，一
面即先準備，紹寧入學事仍有可以設法之處，關於廳方
之動態上請隨時告知，又據報載三省小招生額與學區兒

童額似乎並不相差，然則以前廳、局兩方均謂超過三百餘人，未知係何所指，紹寧已在調查兒童之列，所成問題者即並不與家長同在區內居住，類此情形有無特殊困難，亦請查詢云。

7月22日　星期三　晴有陣雨

業務

下午，舉行會計師公會理監事聯席會，主要議題為監事會提出報告獲確證上星期六為警告任顯羣律師發登中央日報之啟事稿，係值月常務理事虞舜以電話三次通知該報抽出者，但虞堅決否認，認為係該報廣告科之誣陷，辯證良久，決定由監事會繼續調查，虞今日提出辭常務理事之函件，經一致同意照准，惟因是否加「不無失當之處」一語，由於虞之一再反對，糾纏二、三小時，始改變方式，在決議文內不提此語，改由虞當場在辭職書內加入應付未當之意，以明行政責任，至於本案調查結果如何，自然又當別論，至於對外方面，由於會計師公會可以根據會計師法「會計師不得與非會計師共同執行業務」，繼續請任顯羣及其擋箭牌劉友琛周旋，故第一次雖因內奸而告失敗，第二次仍有勝算之望，經即決定備函致任述說其與劉合作之非法，觀其如何答復，再作表示，另據側面報告，任已知此項新武器無可對抗，已將其事務所自動更名為「法律事務所」，而劉則亦未料及此而深有悔意，此問題或有圓滿結果云。

7 月 23 日　星期四　晴
集會

　　晚，舉行實踐研究院小組會議，由李文周報告當前台灣之林業與林務行政，雖認為保林重於造林，伐林重於保林，但認為過去之砍伐實不能算過度，重要者為盜伐及獵人燒山等非法之破壞甚不易於防制，報告後本應討論，但多半為向李同學有所詢問，蓋渠在農林廳服務，其餘各人皆對此尠有研究也，本日開會在植物園林業試驗所，環境甚幽雅，周圍甚空曠，惜室內並不十分涼爽。

7 月 24 日　星期五　晴
業務

　　下午，應鄭樹欽君之約到法院旁聽鄭樹欽鄭松柏返還租穀案第二審辯論庭，今日法院本未通知兩造所聘會計師出庭，但雙方均如時前往，係受當事人之委託備必要時之作證，以免對造有何主張無由反駁也，據律師云今日似將辯論終結，故須作充分準備，今日鄭樹欽所聘四律師均出庭，推事凡三人，開合議庭，首由上訴人律師杜保祺提出四點簡單事實向對造發問，內容為是否在合居時見有囤穀，是否以現金交上訴人開支家用，對造律師均謂無之，杜即展開其辯辭，認為第一審判決兼採不當利得無因管理與侵權行為三種論據之不合甚為顯然，至於由於田地經營必須支出之費用與合居之家用，並非對等之債務，自應扣除，原審不准抵銷，乃係玩弄名詞，而家用帳內對造會計師剔除各項多為對造幼年所

用，上訴人不予要求已屬寬大，對造反不承認，可謂不
合理已極，又第一審原告所請求者為返還租穀代金，乃
係明知租穀實物依法令事實均無囤存之可能，而原判反
則令被告返還實物，又因實物無法支付，按市價折成新
台幣，此種法外判決，亦屬駭人聽聞，至於金錢債務前
後幣制不同，應照法令折合率計算，在新舊台幣為四萬
比一，此在法令與法院判例均亦無爭執之餘地云云，歷
時二小時，甚為充分，其時已至下午六時，審判長宣布
明日下午續辦。

師友

下午到中山北路訪張龍翔同鄉談其介紹借款事，並
作為初次之訪問。

集會

晚，舉行小組會議，由余主席，于高翔擔任記錄，
多半時間用於報告一個月來之區黨部來文，此外即為討
論上級所指定之題目，並檢討工作，收繳本月黨費。

7月25日　星期六　晴

業務

下午，續到高等法院旁聽鄭樹欽兄弟租穀案之辯論
庭，雙方律師指舉理由與法條根據，均各盡其能事，因
對造律師對於余之查帳報告毫無異詞，故兩日來余完全
只是旁聽，反之對造會計師俞兆年受極多之指摘，但多
為事實，故亦無聲明之機會矣，至五時半辯論終結，以
余觀察雙方所指陳各點，似乎上訴人鄭樹欽方面比較有
利，預料宣判時，第一審判決之完全與上訴人無利者即

不全部廢棄亦必部分變更，但本案乃家務官司，究有不
能完全用法律予以解決者，似乎完全照上訴人翻案亦不
可能，此在於司法官之斟酌至當矣，然此又豈易言哉！
娛樂

　　晚，同德芳率紹中、紹彭到台灣戲院看電影，片為
華德迪斯耐所作「幻想曲」（原名 Fantasia），乃以繪
畫與卡通幫助八闋古典音樂情調之表現者，想像豐富，
情緒深邃，極為耐人深思，其中並插入一段以光波表現
音波之蕩漾之狀態，亦復別開生面，此種作品乃運用電
影技術以增長音樂之效果者，極罕見而有價值。

7 月 26 日　星期日　晴
閱讀

　　一星期以來抽暇閱讀陳高昂作「國際貿易實務」，
係作者在台南講習會之演講稿，全書三百頁，以敘述實
務為主，故雖分為上篇基本知識與下篇貿易實踐，但內
容體例相仿，其實可合而為一，此書之長處為不離事實
之論，格式與舉例豐富而翔實，其蒐羅精神極為可佩，
在同類書中可謂一時無兩，缺點為編排過求有條理，反
而陷於瑣碎不相連貫，又作者大約為台灣人，運用國文
能力不佳，故有若干不能達意之處，尤其最後述貿易會
計一篇，非會計十分通曉者幾乎無法領悟，然大體言
之，實屬瑕不掩瑜，余由此書亦獲得不少雖不高深而卻
十分實際之知識。
師友

　　下午，到電力公司勵進會參加同學茶會，由楊希

震、方青儒報告革命實踐研究院此次建黨問題研究會結
果未十分圓滿之原因，及有關國民大會等問題，補充者
有張子揚、劉家樹等。晚，楊孝先氏來訪，據云曾收到
政府發給退役軍人主食米麵，二十餘日後賣出，旋又來
索回，謂係發錯云，真怪事也，楊氏今日來又為道謝近
來送菜。

7月27日　星期一　晴

內省

　　以半日時間處裡黨務小組之例行事務，其中有奉令
於三十一日舉行會議選舉出席全區黨員大會代表一案，
應分別通知，而開會時須有區黨部派員監選，人選為一
區黨部職員，今日以電話與之聯繫，並告以開會地點，
接電話者為另一人，聲音不清，渠謂此事何用向區黨部
接洽，態度不佳，余即報以疾言厲色，彼始馴服，事後
自悔火氣太重，雖勝不武，余早已逾不惑之年，而懲忿
功夫，有時似全無，有時勉強抑制，根本上不能消除，
修養不能有進境，是功夫不到歟？抑朽木不可雕歟？

娛樂

　　率紹寧紹因看電影，為「仙境幻舞」（The I Don't
Care Girl），完全為運用五彩攝影技術為觀眾謀耳目之
娛，演技亦甚可觀，惜故事尋常耳。

師友

　　陳天表兄來訪，取去隔壁存款余代為取出之利息。
張龍翔同鄉來訪。徐嘉禾兄來訪，面交教育局分發紹寧
入學通知書，已編入省立女師附小，定八月一日報到，

此事多方奔走，到處託人，幸最後結果未有失敗，堪以
自慰。

閱讀

閱呂叔湘著「中國人學英文」，其中以隨筆方式寫
中國人學英文之通常缺點與應注重之處，均極有道理，
惟其中談發音者似非口耳相傳不能領悟也。

交際

彭令占律師與邱朗光會計師遷移衡陽路，事先柬邀
於下午舉行酒會，其實地位狹小，酒會並不適宜也，
彭、邱分別來帖，彭見面竟不相識，亦怪事也。

7月28日　星期二　晴

師友

下午，訪王讓千兄，道謝其代紹寧進行分發入省立
女師附小肄業。晚，譚鎮遠君來訪，面交華南造船廠之
財產目錄，並謂曾晤大東公司王叔聖君，王君云曾聞人
談起另有朱會計師者介紹華南廠借款，譚君已向華南
說明因余等發動在前，對彼方不必理會，但為堅華南之
信心，余等亦有從速確實進行之必要，對此余亦同感，
允於明日即從速與藍、張二君接洽，據譚君云，確有款
在，以前之種種懷疑可以不復存在，至於從事此項活動
者大有人在，在步驟上實有陷於錯亂之虞，余亦以為
然，且顧慮因此等類似無謂之競爭，而使介紹人手續費
為之受有影響焉。

7月29日　星期三　晴

師友

　　上午，到石牌國校訪蘇尚誠兄，據云藍維德君今日亦來，余即候俟藍君到達，與談以前彼等所託介紹用款事，余將張龍翔、譚鎮遠兩君交來之華南造船廠財產目錄及台中豐原共進造紙廠之計劃書面交藍君，前者居首，後者作第二步辦理，但為明確起見，仍須照以前所開之要點通知各該廠寫成非正式申請書，以便正式接洽，今日余與藍君談話頗多，有若干情形不但為余所未前知，即蘇兄亦未因與藍接近而知之，綜合此等情形如下：（1）余堅詢款項之來源，是公是私，以前二人均模糊說是私款，今日始透露乃與美援有關之公款，但不知何以未公開貸放，藍君係受該機關兩個有實權之職員間接委託，至此余知其為間接，並知手續費不能由付款機關代扣，只能向借款機構索取，（2）渠詢余介紹人尚有誰何，余告以尚有二人，彼則謂彼之上除該機關二人外尚有二人，連蘇兄共六人，余聞言知其用意在多分手續費，但已言出，只好另圖謀補救矣，（3）最重要者為最接近借方與貸方之一人，故聯繫不可不緊密，且須絕對信賴得過，（4）此事在介紹人雖無所謂違法，但經辦之二人則顯然違法，在道義上殊不願觀此事之必成也。下午，張龍翔兄來訪，余即將上午各情完全轉告，並連帶談及關於其所識之台灣友人須完遺產稅事，希望注意稅法，余並託其介紹業務，按所收公費之三成付給介紹費。晚，前山東省行同人宋東炎來訪，刻供職澎湖。

娛樂

晚，同德芳看電影 The Story of Three Lovers，因率幼兒女四人，問題滋多，等於未看。

7月30日　星期四　晴有陣雨

作文

此次台灣省會計師公會糾正任顯羣律師為其事務所定名羣友法律會計事務所之名稱一案，由指摘其無會計師，一發未中，而改變題目為指摘其會計師不應與非會計師合作，以子之矛攻子之盾，任弄巧成拙，公會則弄拙成巧，全案雖不複雜而曲折微妙，極富新聞價值，乃囑稿成文，數小時而成，凡二千五百字，筆調則大體鄭重其事。

娛樂

午後，以王一臨兄所贈優待券約魏盛村君到新世界看電影，為國產片白光演「有家室的人」，主題模糊，演技平平，歌曲荒唐不通，可謂無一是處。

7月31日　星期五　晴

閱讀

讀錢穆著「中國歷代政治得失」，此書為著者在一特別邀約所發表之五次講演紀錄，計分五講分述漢、唐、宋、明、清五個階段之政制並批評其得失，由漢之威，至清之衰，言來娓娓，簡明扼要，著者認為漢制特點為皇室與政府職權劃分，中央與地方亦劃分而相濟，漢之宰相為三公，即丞相、太尉、御史大夫，御史大夫

為丞相之副，其下又有御史中丞，而宮內事並歸政府管理，其下為九卿，與地方之郡太守均為二千石，內外互調，再加以鄉舉里選，而人才蔚起，後因郡縣令守皆為中央官，避用本籍，其下屬吏則限用本籍，於是得所任使，故此制度為各代之冠，至唐宰相由一而變三，即三省之中書令、門下侍中與尚書令，皆三品，中書發令（在唐為勅，即詔書），門下覆覈，尚書執行，中書之下為侍郎、舍人，門下之下為侍郎、給事中，給事中官並不高，而對詔書亦得「塗歸」，尚書未必得參知機務，其左右僕射亦然，故未必為真宰相，尚書省下設六部，完全為行政機關，兩僕射各領其三，秩序井然，較漢或且更有進步，惟地方政制略差耳，唐地方官之掾屬任用亦集中中央，官品清濁漸分，影響行政甚大，至科舉亦由唐創興，只須非商工人等即可報名申送中央，由尚書禮部考試，及格為進士及第，宋制最弱，三省中只有中書在宮內，為真宰相，然與樞密院對立，則為不管軍事，又戶部、鹽鐵、度支三司獨立管經濟出納，將相權分割，又宰相本自擬稿皇帝印劃，至宋改為先寫箚子，面取進止，君權復高，終宋不能有宰相施展餘地，至明廢相，只留中書舍人，七品小官，給事中亦保留，只剩尚書省，亦無尚書令及左右僕射，只有新加之六部尚書，不相統屬，加都察院、通政司、大理院合稱九卿，內閣大學士之制由此而起，其職務有類皇帝顧問，代為理事，以後帝王不肖者或旁落其權於大學士，或大學士亦難接近，乃有太監上下其手之事，朝政乃不堪問聞矣，銓政方面則考試方式由簡而繁，由縣而省而中

央，由秀才舉人而進士、翰林，懸隔愈遠，流品愈深，清代大體因襲明制，而摻入部族統制意味，大學士以外復有軍機處，發文可不經六部，則非制度而為法術矣，至於明、清兩代之地方制度，縣之上有府與州，再上為監事官而名為道台者，再上為布政使，更上復有督撫，則連床疊屋，縣之體制卑微，奉迎不暇，何得治事，此種分析可謂一針見血之談，至於兩代流品最下之胥吏亦成為自然產物矣，本書最後一講附有結論，作者提出之見解，認定中國政治絕非二千年的專制政治，但在優劣參半之認識下，對今後如何建立新政治制度卻不能不深長思考，又從各國政治制度之演變以觀，絕無一種制度可以由甲國以移植於乙國者，故模仿抄襲之結果，造成四十年之紛亂，作者謂談得上有政治經驗的國家，舉世難見二三，而中國政治比西方進步之一點事實，由孫中山先生發覺其真相，吾人更由歷史之學習而證實中山先生之決未誇張，作者此種見解，可謂壯矣。

集會

　　晚，舉行臨時小組會議，討論選舉本小組出席全區代表大會代表事，當即在區黨部派員監督之下投票，投票以前余向全體推薦選舉蔡復元同志，惜投票結果，仍由余當選，至於其他事務一概未議，只通過由余提出以高嘉端君為小組幹事，即行散會，會後將當選人履歷表及封存之選票交監選人吳之華帶去。

8月1日　星期六　晴

師友

因昨晚譚鎮遠君將基隆華南造船廠之貸款申請書交來，余乃於今晨到唭里岸訪蘇尚誠君，原件面交，但據云藍維德君曾向貸款方面詢過，謂華南前曾申請，經調查虧損太鉅，已經批駁，余聞言甚異，恐有別情，乃歸訪張龍翔君，請與譚君問華南係何情形，再相機進行，至於申請表則交蘇君詢明詳情酌轉。

體質

右上內臼齒月前已斷其半，今日全部脫落，雖無若何痛苦，但飲食已甚不便。

8月2日　星期日　晴

集會

上午，到省議會出席第七區黨部之各小組長聯席會議，今日任務為票選本屆區黨部委員候選人，其名額與區黨部委員同，俟市黨部以同額提出候選人後，下週合併選舉，此項辦法其實與民主原則大相逕庭也，余今日投曾廣敏君之票，乃出於王讓千兄之先容，會場曾君亦表示請幫忙，其他從事活動者亦大有人在也。

師友

上午，訪蔡文彬醫師，請介紹牙科醫師，余將往補治脫落之牙齒。

8月3日　星期一　晴

閱讀

　　數日來讀美國紐約州長杜威著「太平洋紀行」Thomas E. Dewey: *Journey to the Far Pacific*，全書共分十章，記載其訪問日本、朝鮮、琉球、台灣、菲律賓、香港、越南、柬埔寨、馬來、印尼等國之經過，余所讀其日本、台灣與香港三章，後二章所記全為中國之事，作者觀察甚廣泛，但深度則有時不及，例如台灣前主席吳國楨係以其夫人賣畫補助生計，此說法實太天真，但著者對於農村生活則有十分熱誠以獲得其真相，惜為精力時間所限，仍屬淺嘗而止耳，其所述香港所見，亦復如此，有時對於熟諳英語尤其美國留學生之見地特別推崇，則不免自有所蔽，但就其著作態度言，則雖謹嚴不足，而洋溢同情心，熱烈有餘，作者有數語曰：We cannot make Asia over into our image. If we try it, we will just make enemies of the Asians and fools of ourselves. 此與出諸美國人之口，確富有無上之價值，此外則作者在結論時極力強調太平洋各國團結之重要，亦具遠見，並認為孤立主義之誤猶如昔之不敢援歐也。

8月4日　星期二　晴

交際

　　晚，與程烈、王庸、廖兆駿、李應臣代表會計師公會在貴陽街中央信託局禮堂請經濟部胡光泰司長及左司長、查、楊二幫辦，並張景文會計長，目的為請求修改專利申請代理人辦法，將會計師加入為合法代理人之

一，惟席間未談，據李應臣云，日本制度為將此等業務歸之於辦理士，渠本人在日據時代曾兼為計理士與辦理士，但我國無此制度，李君又談日本商標在台申請註冊將有千餘家，乃大業務也云。

8月5日　星期三　晴有陣雨
師友

下午張龍翔君來訪，據云關於受託代基隆華南造船公司接洽借款事，日前蘇長庚兄告余謂華南廠曾向該貸款機構申請，由於華南之內容虧空過甚業已駁回一節，已向該廠查詢，據云並無其事，云云，余即表示必須徹底查詢明白，以免受愚或受利用，張君意亦云然，並據其忖度此事發動人或不免於設法利用介紹人探詢各事業機構虛實，然後自行另為接洽辦理，以情理度之，或不無可能也。

8月6日　星期四　晴有陣雨
閱讀

學生英語文摘本月號卷頭語為所引歌德名句，標題為 The "Complete" Commencement Address，亦可譯為九箴，頗有助於修養，其文曰："There are nine requisites for contented living: health enough to make work a pleasure; wealth enough to support your needs; strength to battle with difficulties and overcome them; grace enough to confess your sins and forsake them; patience enough to toil until some good is accomplished; charity enough to see some good in your neighbor; love enough to move you to be useful and helpful to others; faith enough to make real the things of God; hope enough to remove all anxious fears concerning the future."

師友

　　訪吳竹銘兄於立法院宿舍，談近來與蘇長庚、張龍翔諸君接洽介紹借款事之經過情形，因對真相模糊，故渠又有他方預備接洽者，即行暫緩再作計議云。

8月7日　星期五　晴

師友

　　上午，訪張中寧兄，不遇，與其夫人閒談，渠今年一女升高中已考取，一子升初中則落榜，故極費周章云，張太太又談其家庭生活由於張兄之性情過躁，時時難以協調，舉凡經濟情形，子女教育，以及張兄本人之生活皆常成為口角之起因，余當以局外人極難表示態度，僅云當暗示張兄善自制約，並加寬慰，所謂家家都有一本難念的經也。到台灣大學訪蘇景泉兄，探詢其何日新生發榜，據云非到本月底、下月初絕無發榜可能，故已考取他校時事必先行註冊入學，屆時如台大考取再行放棄他校，別無他法，並據云台南工學院設備在台大工學院以上，設台大考取分發為工學院時，即可不必再來矣。又訪黃德馨兄於台灣大學，所談亦上項事，並將紹南如能考取台大入學請多多幫忙事加以面託云。下午，訪隋玠夫兄於合作金庫，取來託其代在該庫存款本月份之利息。晚，譚鎮遠君來訪，談若干日來所談介紹

借款事，因對方誤解，余已函蘇長庚君請其函復，絕不
無端中止。

8月8日　星期六　晴
師友

　　晚，同德芳往訪李竟行夫婦於中和鄉，李君本住比
鄰，課在永祥印書館，並籌備雲母礦，候機具運到，始
能復工，因台產雲母太小，不能剖片得善價，故機具為
磨粉之用云。晚，在中和鄉訪宋志先兄，道謝其以前
為紹寧進行入女師附小事已獲成功，宋兄所辦華威漂染
廠，自與王豫民之立達與民豐合作後，現在已上軌道，
但因前次颱風廠房倒坍，故損失尚須彌補，但仍希望年
底能為股東賺出市息云。

8月9日　星期日　晴
集會

　　上午，出席第七區黨員代表大會，此次會議主要任
務為選舉區委員，選舉方式為由上星期所選出之候選人
九人加市黨部提名候選人九人中選出九人，投票用限制
連記法，每票圈選四人，以得票多數者當選，但有婦女
二人與台籍保障名額各一，投票時按座次號數先後逐一
往領，秩序較上週為佳，投票畢已十二時，未候開票即
散去。晚，舉行小組會議，由余報告區黨部來文及兩週
來參加區黨部委員選舉經過，同時利用時間將各同志之
上半年開會次數與繳納黨費月數分別統計抄錄，以備向
區黨部辦理上半年總考核卡片之登記，此事即由幹事高

嘉端處理之。

業務

　　參加中美藥房債權人會議，據報告方宏孝、陳繼舜已經保釋，地院並判其徒刑一年，想是詐欺，至於違反國家總動員法則已輕輕躲過，顯然法院有徇情之處，決定一面上訴，一面向皖人之助方者分頭說明，但對於籌集經費一節，則並無結論。

8月10日　星期一　晴

師友

　　到重慶南路遠東文化服務社訪問譚鎮遠同鄉，適遇其友人陳君，係為介紹華南造船廠借款事有所接洽，其時適張龍翔君亦來，乃會同談其希望，謂蘇長庚君所云華南曾經申請遭駁回一節並無其事，該廠仍希望速見分曉，余即告以曾經函請蘇君答復，尚無反響，余意亦絕不肯如此無形作罷，縱使不成，亦須將事實真相弄得明白，否則將何以自解，渠既不答復，余決定明晨再到其住處往訪，或可知此事之癥結究竟何在云。

8月11日　星期二　晴

師友

　　上午，訪蘇長庚與藍維德兩君，再談華南造船廠之借款事，余告以無論能否借到，必須對於請求者有明確之答覆，否則引起反感，諸多不便，渠謂放款方面本謂華南之資力不足，為使人不過分失望起見，渠將再往接洽，同時對於台中共進造紙廠事亦將往詢可否調查云。

訪張龍翔兄，告以上情，請再稍候，余對於此事之有無成功希望，已不過分重視，余所重視者乃余等為人介紹必須有始有終云。下午，訪李琴兄於外交部亞東司，請對於余將圖謀發展之日本商標註冊事能向日本方面有所介紹，李兄謂最好能自動進行，如日方向外部調查，彼可作有力之答復云。訪袁良兄於新生報社，談余將對於台南工學院新生註冊過早事所引起之家長困難作一投書，送該報發表，一以引起學生家長之共鳴，一以引起教育當局之注意，袁兄對此事表示同意，當轉送主編該版之編輯云。

8月12日　星期三　晴晚雨

師友

上午，于文章君來訪，渠係三日前由港來台，日內即返，帶來託買之香港衫、游泳衣各一件，又攜贈桌布、香菸、髮飾、糖食、葡萄乾、指甲剪、尼龍襪、香皂等物，談數年來在香港生活尚能維持，自出意外，又談大陸現況，極為詳盡，留午飯後辭去。下午，吳崇泉兄來訪，談發展業務之方式，兼及所聞及所感受之會計師同業不正當競爭之種種醜態，可謂業內發財者竟無一由於法定正當業務，無非剝削、幫兇、寄生、分肥、敲詐而已，例如以前渠曾代合作金庫向公產管理處算還台灣拓殖會社之公司債，公費為百分之八，其數可觀，將達三、四十萬元，後被陳寶麟、李楚狂等奪去，實際為庫內外打成一片，共同對政府行貪污之實，如此情形乃大陸以前所無，因兩機構皆政府所辦，何勞會計師乎，

乃事實則不然，寧非怪事？余等之缺點，一無本錢，二無狠心，三無違法犯法之意願，業務自然不能發展矣，至於律師一行，道德則更為淪喪，代當事人代理業務，以行賄為名而需索當事人，或勾結書記官預知勝訴之事向當事人詐財，其情形更不堪問矣。

8 月 13 日　星期四　晴

師友

下午，譚鎮遠君來訪，謂將桃園貨運公司以前送來準備申請貸款之證件取回，此項證件係以前因聞藍維德、蘇長庚可以介紹借款而送來請余轉交者，余因藍一再聲言數目愈大愈好，而譚君所送來之華南造船廠尚在接洽之中，貨運公司申請之數較少，故一直尚在延滯未辦之中，現因華南事波折甚多，放款人方面似乎在利用介紹人探聽底細，然後直接接洽（聞刻有二人在不斷的與華南接洽，此二人係放款人所派，前謂已申請駁回，顯非事實），恐夜長夢多，故爾取回云。

8 月 14 日　星期五　晴

師友

下午，訪張中寧兄於溫州街，託向第一女中教務主任接洽是否可允許于兆龍之女於今夏已考取分發二女中者設法改入一女中，或在一女中登記，遇有分發該校而希望改入二女中者能予以對調。下午，訪郝遇林兄，不遇，留字，謂聞監察院教育委員會開座談會檢討各校招生情形，關於台南工學院所定註冊日期過早所引起之

學生無謂負擔一節，希望能轉洽該會一併予以糾正，余並於事先將此事之不良影響四點寫一提要：（一）註冊不開課，學生徒勞往返，（二）他校未放榜，須忍痛假註冊，（三）正取生徒尸其位，備取不能及時傳補，（四）手續費用至今未通知，學生準備不及云。

8月15日　星期六　晴晚風雨

師友

上午，答訪于文章君，渠十八日將返港。上午訪于兆龍氏不遇，與其夫人談漢中街房屋樓下之出租事，緣魏盛村君為其代表處理此事，本已言明租予一照相製版廠，每月租金一千五百元，後又作罷，改租麵粉店每月一千元，此店由魏君參加經營，于氏因租金不高，意欲由魏君出面承租，帶房入股，魏君不快，余方談問，魏君亦至，謂適間麵店又云，可由魏君入股後任經理，出面承租此房，則與于氏之意相似，余亦即不再續談矣，下午魏君云已談妥，將來樓上以一半出租，余用外面一半，余表示可出租作房客，渠笑置之，只好看以後演變矣。訪吳崇泉兄，面交所擬函日本大使館推廣營業稿，大意為請介紹日本商民委託辦理商標註冊及公司登記等。

8月16日　星期日　雨

聽講

上午，到師範學院續聽潘重規教授講論語，此為暑假後復講之第三次，余則因故只為第一次，今日因雨，

人數甚少，但所講之篇章已歸結於「仁」字之解釋，潘氏首將仁之原始字義加以說明，然後再引經文，逐一講過，再加以綜合之理解云。

瑣記

颱風在距台北市二百餘公里處之北方海上向北西進行，本市終日大雨，低窪處成災，余則除屋漏數處外，尚無他損，聞最嚴重者為沿淡水河、新店溪之處所云。

8 月 17 日　星期一　雨

師友

下午，訪于文章君於三葉莊，不遇，因渠即將回港，特購贈大甲草中等席一床，交在該室內留守之其親戚阮君代為收轉。吳崇泉兄以電話通知，謂前為台南工學院註冊手續事曾代余函該院同人，頃已接復，謂日期已改定為本月底、下月初，如不能往亦可通信為之，至於果有疾病亦可呈請保留學籍一年，等情，余告以業已接到該院正式通知，大體與所告略同，該信可不必再交下細閱云。

8 月 18 日　星期二　雨

師友

下午，到三葉莊旅館訪于文章君，不遇，余留字謂特來送行，因事必須先返，移時如雨勢不大，當逕至基隆握別，如雨大時即作罷矣，後以雨果不停，且變豪雨，乃不果往。張龍翔君來訪，請轉催華南造船廠申請貸款事，余亦囑其從速詢問正在加緊接洽介紹之二人究

為誰何，如為藍維德與蘇長庚，則二人首鼠兩端，當對付之，如為二人之前手，當告二人共同對付之，張君又欲為友人接洽以貨品向外借款，余表示難辦。

8月19日　星期三　晴

師友

下午，趙葆全兄來約同至吳望伋兄寓，與石鍾琇、王保身諸同學商洽黨校同學劉家樹兄擬由基金內借款入院就醫事，前已由彼等四人准借五百元，茲又將借三百元，諸人均不欲負責，余亦不願表示具體意見，結果決定由現在公存現款約二百元內酌量借給。

業務

下午，出席會計師公會理監事聯席會，討論新會所之布置，所得稅完稅事之繼續交涉代理，最後選常務理事，先協議後投票，余與劉階平、汪流航、張東湖、邱朗光當選。

8月20日　星期四　晴

業務

近來業務清淡，探詢同業中類似情形亦多，但亦有情形相反者，大致有兩種，一為利用地位與關係，只憑空言或蓋章，收入甚為不惡，二為偵騎四出，捐客滿街，付出手續費有高達百分之五十乃至六十者，此二者均非余所願為，亦非余所能為，更聞有王樹基會計師係用律師張洒作之事務所，張則恃市議員之地方關係到處拉攏業務，其會計師方面者則由王擔任，王只得三成，

設王自己接受之業務則與張平分，此種居間方式，可謂
窮凶極惡矣。

8月 21 日　星期五　晴有颱風陣雨今晨即止
譯作

開始以重述方式寫作「史達林之生與死」，書為
Louis Fischer: *The Life and Death of Stalin*，全書生字均由余
事先提出，由紹南協助檢查字典，故此項工作可以不必
在余譯述時分心費時，但因並非全譯，有時於去取之間
極費斟酌，而於行文間極求節約，今日已將原書第一章
寫作完畢，此章佔全書廿分之一，中文已寫三千餘字，
作為雜誌刊登之摘譯，尚嫌篇幅太長，故續作之時尚須
精練也。

8月 22 日　星期六　晴
集會

上午，到衡陽路出席國大代表黨團小組，討論對明
春國民大會召開時議題之預先檢討，國民大會代表福利
之爭取，及綏靖區簽署代表之出席問題，希望中央慎重
處理，此即所謂雙胞案中情形最多之一種，彼等對方多
為民、青兩黨提名代表，中央為使彼等代表出席，有不
使本黨代表出席之擬議，今日全體之意，對於出席應爭
取，而不必攻擊他黨，蓋目前持有出席證之代表應一視
同仁，不容予以分化也。

8月23日　星期日　晴
聽講

上午，續到師範學院人文學社聽潘重規教授講論語，今日全部告終，最後數段均為講「仁」字者，最多見於里仁篇，潘氏最後提及者為造次必於斯，顛沛必於斯章，及無求生以害仁，有殺身以成仁章，以作全部之結論，認為孔子學說中心在於仁字，仁之最高境界即殺身以成仁，至何以達成此境界，則人皆可以為堯舜，此與西方精神之人在神前皆為罪人者大異其趣，又潘氏釋「仁」為一切美德之綜合，甚為扼要。

8月24日　星期一　晴
集會

晚，到外交部會議室出席實踐研究院財經小組會議，主席楊承廉，開會時首由召集人鄭邦琨報告財經各小組聯席會討論舉行綜合討論會之經過，決定聯合舉行一次，請政府經濟安定委員會俞鴻鈞報告財經實況與問題，並無其他零星節目，以期單純。晚，舉行黨部小組會議，余將上項會議早退後前來主持此項小組，循例報告公文，並推出下次會議討論題目時之報告人選，又分發印成之同志錄。

8月25日　星期二　晴
師友

上午，到火車站前乘校友會借車出發觀音山參加陳果夫先生逝世二週年曆墓前公祭，今日校內外參加者約

四、五百人，可見遺思之深。陳果夫先生全集出版，編委會對捐贈印費者分送每人一部，今日郵局送來包裹單，余即往取來。晚，蘇景泉兄來訪，閒談。到社會處訪陳家璋主任秘書不遇，係因小組同志羅繩武謀一花蓮榮軍之家的技士職務，核准之權在該處，余受託前往催促核准者。

8月26日　星期三　晴

師友

下午，王德垕君來訪，王君為山東省銀行同事，現在第二女中任課，前數日余因于兆龍氏之女公子今夏考取第二女中有意請改分發第一女中，詢無有無通融辦法，今日回信，謂此事甚為不易，據洽詢該校教務主任，謂二女中錄取學生有請求改入第一女中者在校登記四人，但一女中學生願改入二女中者尚無一人，故登記後亦難有辦法，惟有先行登記再作道理，余當以電話轉詢前途，據云如此困難且註冊期近，不如即行作罷。

8月27日　星期四　晴

師友

晚，逢化文兄來閒談關於國民大會明年開會代表資格之枝節問題解決方案之現階段。

瑣記

下午到第一商業銀行取匯款，持匯款人寄來銀行所發通知（非匯票）為憑，據云此係收帳匯款，如未開戶須立保單請固有戶頭代為入帳，余對此不表同意，謂何

人在該行有款無由得知，余自請開戶如何，彼不允，余
請開給憑證到余之往來銀行收帳如何，彼仍不允，負責
人始出，洽定由彼開給劃線抬頭支票，余亦同意焉。

8月28日　星期五　晴

師友

上午，張龍翔兄來訪，對於華南造船廠向某方借款
事商量如何進行，余詢其該廠另有何人介紹進行，其姓
名為何，謂華南不肯說明，以免妨礙借款，惟既知其並
非申請已遭駁回，則余透過蘇長庚與藍維德已經接洽相
當時間者，非有正常理由當不能容許其無故中止，視吾
人為善與，為可供利用，余意亦同，並謂俟知無望時必
另謀對付，甚至向新聞界揭穿其內幕，云云，余對此甚
表贊同。

8月29日　星期六　晴

譯作

九天來以每日平均十一小時之工作，至今日止將
「史達林之生與死」一書摘譯完成，計共為三萬一千
字，較預定字數超過一倍，寫作前全部生字由紹南協助
檢查字典，因此得以省卻較多之準備工作，行文時先讀
原文大意數頁，即行重寫一段，大體原著採取五分之
一，放棄五分之四，故剪裁頗費時間，亦煩斟酌，除少
數地方因費解或難解而棄去外，其餘均盡量採用其精
華，文筆則極力求其圓熟易讀。

8 月 30 日　星期日　有陣雨

聽講

上午，到師範學院聽潘重規教授之國學演講，自今日起開始講孟子，潘氏以前已將大學、中庸、論語講畢，論語費時最久，且採分類法，現孟子則順序講解，今日並有總說。

集會

上午，到南昌路出席區黨部召集之小組輔導員會議，現所屬小組共二百另七單位，輔導員聘一百另數人，每人輔導兩小組，每月共須開會四次，今日所討論者皆瑣碎問題。

師友

上午，張中寧兄來訪，不遇後晤於師範學院，乃為紹南今日在台灣大學入學考試所發之榜上錄取有名，而來道賀者，蘇景泉兄亦同時來訪，但余未遇，渠係服務台大，此來係為通知發榜情形者。下午，徐嘉禾兄來訪，因革命實踐研究院發出卡片徵填須每人填同學中同期、同類、同鄉各三人，特來徵求交換，決定以李杞及鄭邦琨共四人為之。下午，林樹五君來訪，閒談。晚，隋玠夫兄來訪，談有山東醫專畢業同鄉李春園君由港來台，持友人介紹函來訪譚嶽泉兄，來時將函寄至其公路局，現悉該局蘇澳有醫務人員缺，欲進行之，託余再向譚兄一談，余允備函交李君攜往面交。

8月31日　星期一　雨颱風近

師友

日昨徐嘉禾君來談革命實踐研究院徵填本院同學九人事，余於今日依昨日約定辦法以電話詢鄭邦琨同學可否交換，渠云已經填送，無由交換矣，余即往訪徐君，告以此事，經即決定只好縮小範圍，由余與徐君及李杞同學互填彼此中之二人，以外者各人自行交換矣。訪新生報袁良同學，決定互相交換填表，又以電話便中洽詢宋海屏同學，亦決定互相交換。到王成九診所談日昨隋玠夫兄所談李春園君謀蘇澳公路局單位醫務人員事，適隋兄亦在座，余即備名片繕致公路局長譚嶽泉兄，但仍請其另行多想辦法，因余在此並無力量，譚兄不必有何敷衍也。

瑣記

下午，到西門彰化銀行還半月前以優利存款存單作押之借款，當付利息，並轉期一月，借約仍為前填者，繼續有效，今日仍填本票一張，付印花工本費共四元，余所持者只有印鑑用之圖章，凡付給之利息，以及該行收存作押之存單對余概無手續，此地銀行家家如此，可見均已形式化，不求甚解，至於對外之態度則均甚和藹。

9月1日 星期二 風雨
譯作

今日受颱風影響，終日陣雨有風，余因而未能外出，將前數日戰鬥青年送回余之譯稿「蘇聯新階級社會素描」一文照該刊之意見分成三篇，全文本為一萬二千五百字，本欲分為二篇，而不易分後得獨立篇名，乃分成三篇，首篇為總說，名為「蘇聯的社會金字塔」，第二篇名「蘇聯的上層階級」，第三篇名「蘇聯的工農大眾」，除第一篇略短，只有三千五百字外，餘各近五千字，每篇均各有子題亦即原有之總題。

9月2日 星期三 晴有陣雨
師友

上午，到新店訪崔唯吾氏與叢芳山兄，本為踐前週崔氏之約往與製自行車鋼軸之曹經理接洽會計顧問事，至時崔氏與叢兄先商方式，認為不必先行就教，而由叢兄先往告知，彼若有迫切需要，自然應約而來，否則渠以為有其他用意，反而不美，迨叢兄往談，歸謂其未必即來，始知未屆成熟，乃於飯後歸來。下午，吳崇泉兄來訪，閒談。下午，尹載五兄來訪，為劉之棠活動區長提名票，又為王唯誠活動區代表票。

9月3日 星期四 晴有陣雨
瑣記

今夏數度颱風，繼以豪雨，庭前竹籬多有動搖或毀損，如包工修理，往往風後難見，且零星工作有時一舉

手之勞即可竣事者，亦不必另行借人，故久之輒不免自行動手，此習慣已非一日矣，今日從事竹籬修復工作半日，費時費力，無當人意，蓋前次所製竹籬之柱及橫板皆用雜木，腐朽甚速，修理時新板補綴往往舊板難能相托，用釘時亦使新舊木不能擔負相同，故修理不過略延壽命，無法可以治本也。

9月4日　星期五　晴

師友

下午，到羅斯福路四段訪丘贊良君，不遇，留字告以本小組定每月九日、廿四日在吳治同志家開會，請按時來會指導，丘君前數日曾來訪，係為此事謀取得聯繫者。下午，到浦城街戰鬥青年社訪王宇清主編，不遇，遇上週來訪持余之稿件商量劃分成篇者，余即面交劃分後之稿件，計共三篇，每篇最多五千字，據云甚合需要。

業務

下午，出席會計師公會茶會，此會為歡迎香港正平會計專科學校之校長黃文襄會計師而召開，黃君此次會同香港教授團來台觀光，曾代表香港會計師公會到本公會致意，今日特開會歡迎，據黃君報告香港會計師業務甚詳，據云港政府主要稅收有四，一為財產稅，二為利息所得稅，三為營利所得稅，四為薪給所得稅，此四者占全部收入百分之七十，其中需會計師代理者為二、三、四，三種，凡代理者皆不需當事人直接與稅局接洽，香港現有會計師華籍者五十餘人，英籍者六十餘

人，分做中國人與外國人之生意，現在尚不足供需求，但取得資格又甚難，須事務所服務四年或工商界服務七年，學籍反不限制，每年考試一次，每次均有近百人投考，每次或取一、二人或不取，設有受懲戒者則極為嚴峻，故風氣甚好，照業務情形論，每人執業收入最少亦年達港幣十五萬元，故香港之自由執業者中會計師業務相當發達，至於業務內容除完稅外即不多，但因代完稅課關係，連帶業務亦多，至於稅務異議申請複查前不必先行繳納稅款，故委託會計師代完確有極大之便利，而中國人用英文不習慣亦為一大原因，黃君認為中國會計師業務極不發達，應一面向政府爭取，一面鼓吹會計文化云。

9月5日　星期六　晴

師友

晚，在中央餐廳公宴徐銘九兄，飯後渠並報告考察美國半年之觀感，其最重要者為美國大學現在以中國哲學為必修科，在吾國之內則方鄙棄之不暇，又美國人之子女成年者即自行居住，而每晨必至父母家定省，此亦為中國之古禮而無人在目前實行者，又謂一般均認為資本主義國家一切商品化，人與人之間無何情感可言，其實此在都市或有之，其鄉村風俗淳厚，守望相助，以視中國農村猶有過之云。

9月6日　星期日　晴

集會

　　上午，出席小組長聯席會議，討論古亭區長選舉本黨提名問題，此項提名候選人先由小組提出，送至區黨部、市黨部審查合格後，由區黨部事先公告，本區此次共有競選人八名，今日開會以投票方式決定以得票最多數者為當選黨的參加競選人，開會時先由上級派員報告選舉方法，然後八候選人各作競選發表政見之演說，最後投票，八人中事先到余處活動選票者居其半數，余投劉之棠君，事先向余介紹者有三人之多。

9月7日　星期一　晴有陣雨

師友

　　下午，宋志先兄來訪，值於途，據云其夫人已考取台灣銀行臨時職員，為整理鈔券之工作，每萬張二十元，但須取保，詢余有無相識之合宜店鋪，余一時無由想起，時正行至中央餐廳門前，乃同入內訪負責人邱增鑑代表，由宋兄立據交該餐廳，由該餐廳為之保證，移時即辦好，同到余事務所，據談其子在國防醫學院頗不願繼續，且豔羨友人中之以子女送往美國者，希望余能便中與其夫人說明此中利害，勿以子女之言為重云。

9月8日　星期二　晴

業務

　　下午與會計師公會新常務理事劉階平、汪流航、張東湖、邱朗光共同商量如何接收前任之移交，據云日昨

曾開會，新舊任所到均不齊，無何結果，今日劉階平兄主張應貫澈前次改選時之理監事聯席會決議，即俟常年大會舉行後再行接收，邱意亦同，張不表示，認無可無不可，余亦贊同劉意，並認為為避免責任不分明而致延誤常年大會之召集起見，應以書面通知前任常務理事，眾均贊同，乃當場由邱起稿，五人會同簽署，即日發出。

9月9日　星期三　晴有陣雨
業務

下午，譚鎮遠君來訪，謂友人滕君經營香蕉水買賣，刻擬逐漸收縮，賣貨還債，據計算尚可相抵，但因債權人不無難於放心之處，因而精神上感受威脅，擬委託會計師代為清理，余謂可以照辦，傍晚二人偕來余事務所，詳談其現狀，據云無完備之帳冊，但因資產足抵負債，故尚不至引起債權人之反感，現在存貨二百餘大桶，約值三十餘萬元，而負債至目前亦只此數，但若利息繼續滾入，即不敢樂觀，故現在計畫將貨物交余控制，債權由余登記，隨賣隨還，大約數月可以竣事，余允照辦，並將委託書式草擬完成，交其帶回繕正，明日送來，公費一節，言明基本費一千五百元，信託酬金百分比計算，廿萬元以內百分之六（旋譚君折回減為百分之五），二十萬元以上至五十萬元百分之四，其中均包括譚鎮遠君之介紹費四成，前者先收，後者則隨付隨算。

集會

晚，參加革命實踐研究院各財經研究小組聯合研究會於實踐堂，由錢昌祚代表俞鴻鈞報告經濟安定委員會之工作與目標，內容甚為空泛，新任主任張羣報告接事後調整機構之情形與將來之計畫，內容甚簡而費時甚長，十時半散會。

師友

下午譚鎮遠、張龍翔兩兄先後來談華南造船廠申請貸款事，據謂該廠因事已渺茫，決定不再洽辦，請余向前途將計劃書索回，余以電話詢藍維德君，據云該廠另託他人接洽，條件甚苛，余詢之譚、張兩君，云不類事實，似可將來設計追詢內幕云。

9月10日　星期四　晴有陣雨

業務

昨日接洽委託清理債務之滕志雲君今日復來，面交委託書，一切條件均照昨日言定，惟二十萬元以內照百分之五計算一節，譚君尚未予轉告，余即向其說明，並將於委託書改為此數，惟渠因基本費一千五百元須至下星期一始能有款，故要求延至彼時再付，余亦允許其要求，渠今日已將債務與資產分別開列，但尚不夠詳盡，又關於存貨作價渠照最低數估算，徵余意見，渠本欲使資產對負債略有超過，並將向債權人說明不令彼等吃虧，余認為從低估計使其適足還債亦佳，蓋一面使債權人知其債權無虞落空，另一面則所餘無幾，亦可供彼等不復存維持高利之奢望，此點只供參考，俟整個開出後

再作斟酌。

9 月 11 日　星期五　晴

師友

　　晚，楊愷齡君來訪，係代鄒馨棣、嚴以霖兩會計師洽商會計師公會常務理事會前後任交接事，緣前日新任常務理事余等五人分函前任鄒、嚴等四人主於常年會員大會後再辦交接，彼等四人之意仍願早交，並再三解釋，嚴君對其前次召集之交接會議所以未能出席之原因與歉意，余答謂五人中雖未必全為主張必待大會後接事者，但堅持者既非只一人，其餘各人自亦係支持此種意見者，在人情上無人肯於發動五人作相反之會商，楊君亦以為然。訪孫伯棠代表請代紹南任台灣大學入學之保證人，又訪隋玠夫兄，亦同。為紹南入台灣大學須有一思想保證人，須文官簡任以上或中學教員或廠商負責人，經擬就近訪行政院設計委員會劉道元兄擔任，往訪未遇，遂又往訪張景文兄於經濟部，承允擔任，明日可用印取回。

9 月 12 日　星期六　晴

集會

　　晚飯時在東來順參加中央提名當選國民大會代表聯誼會第一次聚餐，由林尹等報告最近中央黨部已接受簽署當選代表聯誼會之要求，准予出席，但為免重複，將移入職婦團體名額內出席，至於政黨提名之代表得票未達最多數者，凡民社黨、青年黨仍照出席，國民黨則

對方代表不在台灣者亦可獲補而出席，在台者以及對方
代表雖不在台而提名代表無候補票數記錄者，均只列
席，此等代表現有四十八人，因一向疏忽爭取，中央竟
為不守黨紀之代表設法補救，而以此一部分為犧牲，不
平孰甚，談竟，即以預定之申請書一份聯名蓋章，又決
定進行步驟，分集體呼籲與單獨運用兩方面，單獨進行
者為鄭曼青與林尹等，集體進行則全體參加，今晚先以
十二人往訪內政部長黃季陸，黃初拒談此事，但因代表
不去，亦即接談，歷兩小時，渠堅謂木已成舟，無能為
力，十一時始散，此外又決定自後日起每日下午六時在
東來順聚餐，以便交換意見，報告動態，費用由全體分
擔，今日已每人先繳三十元，至於尚未來參加者亦分別
通知參加，並分擔費用云。

師友

　　下午，往訪杜保祺律師，為普通拜會，據談律師界
同業競爭之不顧手段，雇用事務員之到處亂跑，招搖撞
騙，已使當事人與守法之律師同受其害，其實會計師亦
同樣不堪問聞也。由張景文兄處取來代紹南簽蓋之台大
入學保證書。

9月13日　星期日　雨

集會

　　上午，在重慶南路三段聚齊，至九巷一號訪革命實
踐研究院張羣主任，提出要求為請代提名落選之國大代
表主張公道，應與簽署代表一視同仁，均有出席國民大
會之資格，據張氏表示，中央已有決定，此刻無法可

想，且謂何以不早說話，最後決定備具書面請其轉呈總裁，但希望亦甚微云，昨、今兩日晤黃、張兩人，開始均神氣十足，拒人千里之外，且表現匆遽不能卒聽之態度，貽人以不快之印象，最後不能避免，亦只有傾聽到底，完全大陸官僚之舊作風，即以此次中央對兩種問題代表之厚彼薄此而論，理由自難索解，於法依然不合，而所以至此，則因簽署代表奔走較早較頻之故而已。

聽講

上午，到師範學院續聽潘重規教授講孟子，因經文簡淺，能說不多，鮮見精彩。

9 月 14 日　星期一　晴有陣雨

集會

晚飯在東來順繼續集議提名當選代表爭取出席大會問題，會後並往訪代表之一鄭曼青，今日情形如下：（一）向各方呼籲之公文已由林尹重新擬就，著眼在順應此次中央通知立法院審議之遞補條例內所謂得票多數之解釋，認為依照卅六年國務會議決議，提名代表亦為得票多數者，應在一併補救之列；（二）鄭曼青為蔣夫人授畫，曾將前日之長函面交，蔣夫人即以電話通知中央黨部副秘書長周宏濤介紹鄭代表往訪，尚無結果，但蔣夫人表示將到常會發言主張公平；（三）立法院對行政院所送之國大代表遞補條例正開始審查，一般反應不佳，但在中央壓力之下，仍將照文通過，微聞立委要求提高待遇，或有交換條件之意；（四）民社黨、青年黨鑒於中央對國民黨之簽署代表有補救辦法，復舊事重

提，謂卅六年方選時曾得國民政府分配名額之諾言，希望在此予以補足，中央可能即以此項提名代表改為列席一事作為擋箭牌，故此事對提名代表殊為不力；（五）據聞內政部長黃季陸在本問題解決前之立場，極不利於提名代表，前夜各代表往訪，黃又大為失態，各代表咸為不平，暫時隱忍，俟將來有以對付；（六）提名代表被中央認為應作為列席代表者四十八人中，頗有人以為列席亦無可無不可，只須同樣拿錢，此觀念須澄清，因為應允為列席代表，即自行取消放棄出席資格，進一步即將被取消代表資格，故此著甚險惡，不可大意也。

9月15日　星期二　晴

業務

上午，到會計師公會出席小組會，討論王庸所擬協助政府推行商業會計法及營利事業所得稅查帳稽核制度方案，大致均無不可，僅文字略有必須修正之處，當決定推余起草申請書，備攜往財政廳交涉。下午，大康五金公司劉君來洽委託辦理工廠登記與公司登記事，劉君本營有當鋪一所，曾由李耀西兄介紹余為常年會計顧問，全盡義務者。

集會

下午，到東來順參加提名國大代表聯誼會談話會，並在對實踐研究院主任張羣之呼籲函件上蓋章，余今日因遺忘帶聚餐費，故未參加聚餐，蓋章後即告辭。

9月16日　星期三　晴有陣雨

業務

　　下午，大康工廠之劉君偕其會計張君再度前來接洽，余將其辦理公司登記之應備事項分別開出交其準備，工廠登記則因作為新設或舊廠變更尚不能定，故暫先不能準備，該廠又將聘余為會計顧問，指導帳務，今日並將其受盤契約徵詢余之意見，並詢問立帳與完稅等事，立帳事余將商業會計科目之一致規定交其應用，契約因係代製水瓶鐵殼，鐵殼乃屬零件之一種，故營業稅須由東亞水瓶廠彙總完納，完稅事限於自製其他五金出品，為早日使用統一發票，應先向稽徵處領去營業稅登記證，否則待至公司登記後亦可，總之凡余所認為應行告知者，均一一告知，不稍保留，最後彼等告辭，余囑其先行訂約，因劉君昔開當鋪，曾由李耀西兄聘余為顧問，並無代價，今自行擔任經理，而股東甚多，余既不擔任義務顧問，自當先行訂約，以免後有異辭，反多困難，當將所定公費標準出示，其中包括三部分，顧問最低，年費一千元，公司登記一千五百元，工廠登記一千元，後二項可優待八折，劉君即謂其前任經理曾欲託章宗鈺會計師辦理，謂為五百元即可，但不知所辦者為何範圍，余謂若為劉君不太困難，則後二項減成六折亦可，如再優待即有違公會公議矣，二人即將契約空白取去，謂商量後再行洽定，會計師業務之遭遇不合法競爭，往往如此。

集會

　　晚飯參加提名國民大會代表聯誼會，決定事項為國

大代表補充條例今日立法院小組會議已經審竣，明日將提三委員會聯席會審查，推定四人屆時前往呼籲。

9月17日　星期四　雨

師友

訪吳延環同學，談提名國大代表出席問題，因中央所定之國大代表出缺註銷遞補條例昨日已經由民刑商法、法治及內政三委員會之小組審查完竣，今日即提至全體審查會，吳兄亦應出席者之一也，吳兄對於該條例之只為簽署代表補救，而將提名代表摒於門外，亦認為不公，渠曾主張凡政治性的解決辦法，應不留政治糾紛，但屬無能為力，立法院內仗義執言之分子在中央壓力之下實日見其少也云云。至於其他同情提名代表者則分別由各同人分別接洽，晚間仍在東來順交換意見，咸以為立法院最後仍將照原草案通過條文，今後須作長期之奮鬥，直至半年後大會舉行時為止，余提出四十餘人中陣容始終不齊，久之易受人分化中傷或輕視，影響最後目的之達成，然此事殊無良法也，最後決定自明日起停止聚餐，改在吳志道代表處，每晚交換消息，決定次日進行步驟。

業務

為會計師公會草擬致財政廳申請書一件，送前日小組會所通過之會計師協助推行商業會計法與營利事業所得稅查帳稽徵制度方案，內容一述現狀未臻理想，二述工商業發達國家會計師在經濟財政上之地位，三述今後欲使工商進步稅收合理，應由會計師建立此合法之橋

梁，四述此項方案只為擬議中之制度，詳細施行辦法尚
有待於補訂，並請指定專人負責洽商設計，全文將文字
極力節縮，約有四、五百字之譜。

瑣記

　　近來率多拂逆之事，而所關不只一人，實為整個國
家社會不進步之縮影。例如蘇長庚、藍維德等之介紹通
融款項事，中央黨部對國大代表之不公平補救辦法事，
滕志雲與大康等委辦案件既屬自動請求，聞須收取公費
又遲疑不決事，非屬蓄意欺騙，即係存心利用，動機不
純，國家個人，如出一轍，而最豈有此理者，上月曾受
新思潮月刊之委託撰「史達林之生與死」一文，今忽來
信謂該書全係王婆罵街，絕無學術價值，而委託之初，
渠並非未見原書，出爾反爾，與當前之公家作風如出一
轍，余又憶及前代撰「日本的土地改革」一文，在發刊
前致送稿酬時為按一萬四千字計算，刊登後余計算字數
達二萬字，而余原稿則有三萬字，此等剝削以與稿例相
較，又是一大欺騙，該刊亦中央黨部所辦，此種蠻橫無
理之作風，隱約中似有其師承，可惡亦復可恥。

9 月 18 日　星期五　晴

集會

　　晚在南陽街參加提名國民大會代表聚會，對於日昨
立法院審查會審查行政院所送之國民大會代表遞補條例
尚未審竣今日不及提出大會一節，各有報告，余事先與
吳延環同學通一電話，據云中央壓力不大，似尚有充分
討論之餘地，亦提出報告，日昨之會張子揚兄對主管部

長黃季陸詢問極尖銳，黃支吾其詞，由種種跡象觀察，吾人已漸漸形成不可輕侮之勢，經決定明日推人再訪中央黨部主管組主任唐縱及國大秘書處洪蘭友，並再分頭與相識之立法委員作私人接洽，至於中央擬議中之遞補有關條文為「得票多數依法當選因故未能出席第一次大會者」得以移補職婦團體，吾人為表示正適合此項條件，決定各將當選證書拍成照片送至立法院，備會議時參證或作成記錄作為根據，又上項條文在通過前吾人之理想條文應將得票多數依法當選字樣改成「已領當選證書因故未能出席第一次大會者」，方免糾紛云。

雜記

余事務所係借用于兆龍氏合作社結束後之房屋，地為二樓，半由郝清源律師承租，半由余與看守房屋之魏盛村君使用，自今日起原有工役經于氏調往台中，由郝律師覓一新人，商定余與魏君共付其半，此外則電話、電燈郝亦負擔其半，此另一半魏君云由于氏每月交渠開支之三百元內支付，余表示亦將與渠平分，尚未獲得結論云。

9月19日　星期六　晴

集會

晚，參加國民大會提名代表聯誼會，決定事項為：國大代表出缺註銷遞補條例立法院審查尚未完竣，且又將以前審查種種認為不合規定程序重新開始，至早亦須於下星期五始能提出院會，故在此期間大有可以運用之餘地，當推人明日往訪張其昀秘書長，並分頭向各立

委疏通，以期輿情轉向有利於我，此案聞係總裁突然決定，故失之粗疏云。

瑣記

新思潮月刊社唐昌晉與余洽定譯述「史達林之生與死」，曾送閱原書得其同意，稿送往後來信謂書係王婆罵街式，余復信不能同意，渠見余不自動索還，今日乃將稿送來，謂無學術價值，最好登諸報端，於夙昔之約一字不提，輕諾寡信一至於此，其實該刊所登文章水準決不全在此書以上，而獨以余為可侮，虎落平陽被犬欺矣。

9 月 20 日　星期日　晴

見聞

報載今晨在女師附小標賣捐濟衣鞋，余率紹彭往觀，見其陳列售賣情形紊亂之極，遠不如前在中山堂左側所展覽者，此地係利用課室外之一排走廊，廊內為衣服與辦事人員，廊外則有臨時柵欄，欄外人頭鑽動，伸手亂指亂喊，辦事人員在喊叫之下，偶或聽到，即任意取出一件，看其價格，無選擇餘地，即行成交，買主多係家庭主婦，但亦不少估衣市場中人，在此情形下，買賣雙方處於膠著狀態中，無次序、無計劃，仍今日諸般之縮影也。

9 月 21 日　星期一　晴

業務

大康公司之劉潭徵君今日著其會計前來送信，謂登

記事緩辦，送來月餅等禮品，蓋明日為中秋節也。滕志
雲君來續談清理債務事須賡續進行，定後日再來詳談。

師友

　　晚，訪周天固兄，將最近所譯「史達林之生與死」
一文面交，請代為介紹至適當地方發刊或出版，周兄
云以前新思潮唐昌晉對渠亦有出爾反爾之事，可見其
習性云。

業務（二）

　　下午出席會計師公會理監事聯席會議，余因事到會
較遲，至則知已決定於下月十八日晨開常年會員大會，
其事由新舊任常務理事會同辦理，對於一月來雙方對於
應在大會前或大會後交接之爭執雖曾有辯論，然經中間
人加以中和，亦不再提，最後又決定即日辦理交接，新
任五常務理事值月先後抽籤，亦立即舉行，余抽第四。

師友（二）

　　趙榮瑞君來訪，據云係前日來台北，嘉義公賣局有
眷屬宿舍，渠將在此將原有住房出賣，但因馮達璋兄在
其後院，進出由其宅內通過，故甚難處置云。

9月22日　星期二　雨

家事

　　同紹南到台灣大學為其辦理註冊，因早間人多，排
隊等候兩小時，始行領單繳證件與費用，此段畢即已休
公，下午復往，主要為辦理選課手續，其實一年級商學
系全係必修科，所謂選課也者，只係填寫其校中應用之
各種與課程有關之大小表格而已，表填後依次送由系主

任及院長、教務長所派之人蓋章後,再送註冊組,領取
註冊證與借書證始畢。

交際

今日為中秋節,收到禮品有第四建築合作社及劉潭
徵君、蔡文彬醫師,送出禮品有蔡文彬等兩醫師,又比
鄰張迺作律師亦有小餽贈。晚請蘇景泉兄吃飯,未到。

9 月 23 日　星期三　雨

業務

委託清理債務之滕志雲君本約定今日下午三時來
訪,並交付第一次公費,但渠於三時前余尚未到辦公室
即已先到,留字謂五時再來而去,至五時後直至六時亦
無蹤影,此人如此者已不止一次,目的在拖延時間而又
不負責任,今日從事自由職業亦殊非易易也。

集會

晚,參加提名代表聯誼會,據云今日立法院審查會
已將國大代表出缺遞補案例審查完竣,對於以得票多數
依法當選而未出席第一次大會之代表移補職業與婦女團
體一條並未通過,改為補充辦法由行政院定之,所以如
此者,因立法院內若干委員不願解決一部分問題而保留
一部分問題,而此項移補辦法實屬不通,立法院實不願
負違憲之責也,今後計劃仍須堅決奮鬥到底,向中央黨
部與行政院力爭,今日之事非爭取無以見重於時,而爭
取之過程殊艱苦,決不可猶疑徘徊也。

9月24日　星期四　晴

集會

　　晚，舉行小組會議，討論如何協助古亭區區長選舉
中為本黨候選人陳祖民廣集選票問題，只作漫談，未有
決定，臨時動議有劉君提出開會請假問題，認為公務員
得因公缺席，作為公假，與出席相同，其他各業之黨員
則無此便利，考核之時顯不公允，經一致決定向上級建
議，應將其他各業有特殊不能分身之事故時，亦得憑小
組內同志二人之證明，開會時享受公假之待遇，每半年
以三次為限云。

9月25日　星期五　晴

集會

　　晚，應金彥君之約開龍匣里各小組長對區長選舉之
輔導會議，決定初步工作為正確統計並切實把握選票，
待投票前再開會一次，互相檢討，今日開會時首先對於
選舉大勢作一分析，據云本黨提名候選人陳祖民資歷未
必十分適合，且一般人深覺陌生，相競爭者為前任區長
黃光謙與地方流氓鄭萬財，黃雖曾為區長，反不足畏，
鄭則為去年與本黨候選人劇烈競爭之楊建成的後身，以
新面孔從事舊競爭者，此外又閒談黨員控制之不易，前
度郭先琴由黨支持得以當選後，根本未能實現任何諾
言，且聲名不佳，團體並為之受累云。

9月26日　星期六　晴

師友

訪大康工廠劉潭徵經理，僅晤其會計員，告以來意為作普通之訪問，如有何諮詢事項，望不必客氣云。晨，應約在溫州街口集合，提名國民大會代表集體訪問行政院副院長當年主持選舉之張厲生，久候不至，晨間聞確已外出未歸云。

娛樂

晚同德芳到大有觀京戲，周慧如主演二本虹霓關，唱做俱極穩，不蔓不枝，非名角難有此成就，惜行頭太差，尤以台上守舊直等於無由為最大缺點。

9月27日　星期日　晴

師友

下午，出席同學茶會，由張子揚報告立法院討論國民大會代表出缺遞補條例之經過，對於此項將問題代表一部分摒於門外一部分曲予補救之辦法表示反對，故最後推之行政院予以解決，其實並不能解決，因提名代表必出面力爭，同時後補代表亦引據政府以職婦名額容納區域代表之原則，要求在職婦內予以補充也，張金鑑兄補充報告，謂內政部長黃季陸表示，依據其擬議中之辦法計算，將來可出席之代表總數有一千五百廿三人以上，亦即可夠半數以上，但只多十餘人，其數甚為危險，彼何以冒此危險而必須摒提名代表四十餘人於門外乎，第一，據聞中央黨部曾將此四十餘人分析，認為昔年提名中人多屬於二陳之派系，第二據悉將來如萬一人

數不足，彼尚有一法，即提請立法院修正國民大會組織
法，將法定人數改為三分之一云。以次有方青儒兄報告
革命實踐研究院後期教育第一期將於下月開始及其計劃
中之概要，有趙葆全兄報告經濟，有馬星野兄報告國際
形勢，有劉家樹兄報告隨莫德惠到港晤國大代表情形。

9月28日　星期一　晴

師友

　　下午，于兆龍氏來訪，閒談，渠已在台中買房，準
備遷居。下午，徐庶幾兄來訪，閒談與關幹民合作開礦
不歡而散事，及其近來情形。下午，逄化文兄來訪，談
日昨山東國大代表各小組聯合例會情形，會內對於提名
代表被中央摒諸門外一節，曾展開熱烈討論，會中不論
簽署代表或無問題之代表，皆一致認為不公，決請中央
慎重處理。

集會

　　晚，國民大會提名代表集會於南陽街，余出席報告
山東代表集會情形。

9月29日　星期二　晴微雨

家事

　　上午，姜岳東姑丈來訪，談表妹姜慧光與隋錦堂君
之婚事將於下月十七日舉行，其方式將採法院公證，隆
重而省費，至於宴客則準備六、七席，多為男方者。

集會

　　晚，參加提名國大代表會，決定針對立法院將皮球

又踢回行政院實為踢回中央黨部之現狀，已由林尹代表擬就申請文件一件，定明日分別送有關方面，此項文件可謂情辭並茂，計分三點，一為照第一次擬送立法院之草案，吾等代表被認為「提名落選」，但民社、青年兩黨提名代表已出席第一次大會者二百餘人，皆已投票選舉總統，若謂之提名落選，豈不動搖國本，二為照上項草案係承認簽署得票多數者，此輩依司法院解釋雖為當選，然照國務會議決議則否，且就黨紀言之，實屬違抗，今中央反對此輩予以補救，是鼓勵違反黨紀者矣；三為簽署代表與提名代表當時係因黨與政府諸種措施之脫節，形成二方各有當選根據，當時為補救既成之事實，乃聽從總裁之勸諭照下法補救，即凡發生問題之單位，依國務會議決議而當選者，第一次大會友黨提名者出席，本黨提名者暫不出席，依司法院解釋而當選者，其同一單位之當選者，如為本黨提名則第一次大會由簽署者出席，如為友黨提名，則第一次大會簽署者暫不出席，以為調和；基此三因，請有關當局正視事實予以補救，又為達成目的，將放出空氣，不問結果如何，屆時必憑出席證前往出席，必要時將公諸世界。晚，出席區黨部各小組長聯席會，討論如何支持提名競選之陳祖民全力競選。

9月30日　星期三　雨
瑣記

　　上午，到中央黨部會同喬修梁代表等面遞昨晚所備之呼籲出席函，預定為遞送秘書長張其昀、副秘書長周

宏濤、谷鳳翔，但余到達之時，彼已進行，歸謂因聞今
晨中央有總裁召集之會，必須早來，始可晤及各收件
人，故將時間提早云。魏盛村君告余，于兆龍氏準備將
漢中街房加速出賣，且預定將余用之寫字台轉贈他人，
又一月前桌上玻璃板已取回收藏，為余換置破損者一
塊，此所謂不見其大只見其小也。

10 月 1 日　星期四　雨

集會

　　上午，代表會計師公會應邀參加台灣省糧食局會計檢查官召集之實行新會計制度週年紀念會，由檢查官耿美瑋主席，報告實施經過與優點缺點，繼由美國安全分署貝克演說，說明去年設計此制時耗資百餘萬新台幣及外匯，現在已做到每月廿日得以看上月之報表，並認為中國會計人員足以負擔此新任務（此言可謂啼笑皆非，然耿首先鼓掌），然後由前台大教授現在安全分署工作之劉溥仁演說，謂成果檢討應期諸三、五年以後，措辭比較得體，最後由糧食局副局長報告日據時期與改革前之會計制度與今日不同之點，未將以前者一筆抹煞，認為以前者係將會計報告與業務報告分為二事，會計報告固有半年告成之事，業務報告則隨時送達也，會議亙兩小時始畢，其會場布置本來劃分為長官席在主席之左右，來賓席在對面前列，會員（當係職員）席在後，但有外籍人員二人亦坐於長官席之一面，而將標誌移於其相對之另一長官席，儀式開始時唱國歌及向國旗為禮，外籍人員均只呆立，甚不調和，貝克之演說又流露一種傲岸態度，此皆予人以不快之感，此會之舉行實得失參半也。

10 月 2 日　星期五　雨

業務

　　下午，出席會計師公會常務理事會，只有一理事會交議案件，即會計師承辦案件屬於稅務者，得向稅捐稽

徵處調閱文卷，決定推出兩人向財政廳接洽，散會後又有大阪日本辦理士（Patent and Trademark Attorney）岸本來此接洽日本商標註冊請減收公費事，此案有關者只為台籍會計師三數人，亦均同來接洽，據云日本辦理士在日所收之公費為日幣七千元，合美金廿元，今台灣會計師公會所定之公費一千元，超出一倍，希望優待，當決定如有日本大使館公文，再提會員大會商量，因會員大會曾通過之公費標準理事會不可擅改也，談畢接開會員大會籌備會，決定即日接洽場地並發登通告，準備報告案件，並定於十二日再開理監事會將工作報告予以通過云。

集會

　　晚，參加提名國大代表聯誼會，討論事項為立法院通過之遞補條例第五條又在中央黨部審定中，故備文請中央准予本聯席會列席中央常會報告一切云。

10月3日　星期六　晴

公益

　　中午，參加山東漁農基金保管委員會，討論奉令改移交於員林實驗中學之方式，列席者有該中學校長楊展雲，討論結果除訟案仍由會保留名義繼續進行外，其餘一律移交學校接辦，但有若干公家借去之款項，先行研究註銷之手續。

師友

　　下午，訪台灣大學會計主任黃德馨兄，未遇，留字，為紹南申請工讀獎助金事請予幫忙，改日當再來

承教一切云，聞此項申請表面甚有限制，其實則甚重
人情云。

集會

晚，將本月九日之小組會議提前舉行，集議明日舉
行區長選舉全力支持本黨提名候選人陳祖民之必要，與
希望各同志努力設法爭取選票之重要性。

10 月 4 日　星期日　晴

聽講

上午，續到師範學院聽潘重規教授講孟子，今日講
完梁惠王上，最後一章為與齊宣王答問，齊桓晉文之事
可得聞與以下全章，此章在孟子中恐為最長，又最能表
示孟子之辯才，孟子之法為步步誘其深入，使其先承認
前提而不得不首肯其結論。

選舉

今日為台北市各區區長選舉投票之日，余下午往投
陳祖民之票，並由德芳約鄰右亦投陳票，本古亭區競選
者共三人，據報告結果，陳得七、八千票，其餘二人各
二、三千票，投票率不足百分之四十，情緒顯然比上屆
低落，另有五區只有一人候選，更無論矣。

10 月 5 日　星期一　晴

聽講

上午，到裝甲之家參加聯合國中國同志會召開之座
談會，由吳幹教授講「日本經濟改造與經濟問題」，歷
一小時，吳氏所講者為日本戰後經濟改造之事實與日人

及美人對改造重點之歧異，以及當前之問題，計所涉及者有土地改革，農產協同組合，反托辣斯措施，美人注重經濟民生化，日人則注重產業之復興，當前最重要者為內外皆知之對外貿易問題，吳氏有其獨特之見解，認為日本戰後貿易出口只餘百分之卅，進口只餘百分之六十，但其非貿易項目則年達七千萬美金，而其領土縮小幾半，比例上亦不算過減，最後並認為日本工業成本與產品分析不夠進步，乃由於社會文化使然。

師友

上午，徐嘉禾君來訪，閒談，因昨日德芳曾往訪不遇，渠以為或有事也。

集會

晚，參加提名代表聯誼會，喬修梁報告請求列席中央常會報告之公文已送往中央黨部，閻鴻聲報告訪晤莫德惠氏，請予協助，據莫氏談其立場為希望明春國民大會能開得圓滿，並使總統與國家均有其尊嚴，首先不宜修改法定人數，應堅持半數以上始能開議，照此基礎，則月前中央提出之遞補辦法只能達到一千六百人，距一千五百廿三人之應有半數太近，少數不肯出席者即影響大局，故彼主張應儘量遞補，縱外界有何閒話，內部先無問題，莫氏曾應民、青兩黨之請，為兩黨曾提名未當選而其人在台北者三十餘人主張應准出席，而國民黨內之少壯份子則固執己見，徒知咬文嚼字，罔識大體，故彼將暫時沈默，以待其反省，所謂反省者，諒指現在民、青兩黨之代表已有一百卅餘人，此部分代表或以不出席相挾也云，林尹則報告謂中央黨部現在正以本黨提

名代表之摒除門外為應付民、青兩黨要挾之對抗武器，
故將來歸趨或難免有相當時期之拖延，展望前途，由黨
內少壯派主觀言之，吾等提名代表出席希望甚微，但客
觀情勢或將由於政治上之討價還價，民、青兩黨因要挾
而獲得成功，此三十餘人者本無當選證書，反可先獲得
通融，吾等之持有當選證書者亦從而獲得自然之解決，
此等死硬派徒受唾罵而已。

10 月 6 日　星期二　晴
集會
　　晚，參加提名國大代表聯誼會，葉祖灝代表擬呈中
央黨部文一件交各代表傳觀，將繕正送出，又對於呼籲
出席之努力不因客觀環境之變遷而有所鬆懈，且此案在
中央黨部已發展至治絲益棼之境，立法院已通過之條
文對其他各點已有明白規定，內政部已於今日公告國大
代表聲報，惟對於簽署當選代表之可以補入職婦團體一
點，經立法院將案文改為由行政院定之以後，各種意
見與要求又回至行政院及中央黨部，目前中央黨部為
恐再有糾紛，其第一步驟自為不唱不彈，故吾人必須
長期奮鬥云。

師友
　　晚，逢化文兄來訪，談簽署代表雖已得中央黨部之
接受補入職婦團體，然在行政院之辦法未見明文以前，
自然尚難免細節上之問題發生。晚，蘇景泉兄來訪，
閒談其在寧夏當年競選立法委員受地方官壓迫未能當
選之經過。

10月7日　星期三　晴

師友

上午，陳天表兄來訪，閒談對現狀憤世嫉俗，而對大陸則認為並非其力量得以獲勝，反之正因其所代表之政治理想在民主國家以上，遂立於不拔之地，此項見解似乎不切實際，而渠堅決主之。上午，訪張中寧兄，探詢公務員儲備登記之大要情形，並約定於明日同到銓敘部接洽詢問。下午，林鳴九兄來訪，為張李佐卿託余代向他方洽詢借款，原因其設一工廠資金不足，而又不願以自己名義加資，故擬以變通方式出之。

10月8日　星期四　晴細雨

師友

上午，到溝子口考試院銓敘部與張中寧兄同訪羅萬類、曹翼遠兩次長，探詢辦理儲備登記之手續及關於計算年資之有關事項，獲知若干向所不知之事項，因余一向未注意及此，本身亦未辦過也。到台灣大學訪黃德馨兄，詢知該校聲請工讀獎助金事已經過期，經與訓導處交涉准予通融，余乃迅即往區公所辦理戶籍謄本與清寒證明書，以備繳送審核。晚，楊孝先氏來訪，閒談當前生活起居，照例多憤世嫉俗之論。途遇周天固兄，據云余之譯作「史達林之生與死」一稿已在接洽發表中，尚無成議，因字數太多，且時間性略過也，余再託設法，又託張中寧兄往詢今日大陸左曙萍社長。

10月9日　星期五　晴

閱讀

讀張秀亞散文集「牧羊女」，其中二十餘篇，而頗多作品並不甚佳，余認為較好者，「牧羊女」一篇最富詩意，「友情與愛情」一篇最能曲傳無私的友情的可貴，「舊夢」一篇最富想像意味，而「永恆的生命」一篇寫作者領洗時之心情與對於宗教之嚴肅態度則為最有力量，最富詞藻，作者寫明其最初對神為象徵的看法，而後自認為不正確的看法，深知深信神的存在，此意最難描寫，而作者寫來熨貼之極。

業務

下午，出席會計師公會常務理事會，討論例行案件及有關大會之應準備各事項。

集會

晚，參加提名國大代表聯誼會，今日無何重要問題，僅互相報告情況，據林尹代表云，有劉宜廷代表者，曾謂洪蘭友秘書長在粵及來台後曾私自補發國大代表當選證書十餘人，此消息極奇突，果有其事，則此人可謂膽大妄為已達極點矣。

10月10日　星期六　晴

國慶

今日為民國四十二年國慶紀念，官民一體休假一天，上午總統府前舉行閱兵，市區公共汽車停駛，故偏遠之市民多扶老攜幼徒步經余寓前之羅斯福路前往市中心觀看，下午則在同地有民眾大會，晚有焰火，但余家

除紹南參加台大學生陣營外，其餘均未外出。

閱讀

　　閱左舜生著「近三十年見聞雜記」，述作者自民八五四運動至卅八年大陸淪陷三十年來之為學、從政與文化生活，頗多當時軼聞掌故，文筆則不夠優美，且多蕪雜。

10月11日　星期日　晴

家事

　　上午，同德芳率紹中、紹寧、紹因、紹彭等子女到安東街姑母家探望，因一週後表妹慧光即將與隋錦堂君結婚，此去送禮現金四百元，並詢問有無可以幫忙籌備之事。

師友

　　李德民君來訪，談兩月未來台北，因其夫人在基隆曾作墮胎手術，醫師手術欠精，險將性命斷送，刻雖已化險為夷，然已損失不貲矣。徐秉修君來訪，談其所服務之力來橡膠廠情形，並託余為因意見不合辭職之張主任介紹技術合作事。

10月12日　星期一　晴

業務

　　下午，舉行會計師公會理監事聯席會議，討論本星期日大會應行準備事項，最重要者為上次大會交辦案件之清理，其中之一為輪辦案件辦法，再度修正通過，主要精神乃對於義務案件由公會津貼費用，此即去年余所

提辦法未經通過者，最後討論由公會承辦當前進出口業
之大案，即海關職員串通報關行將印花揭下由報關行代
商人重用受罰一案，家數太多，不妨集體承辦，當推出
小組委員九人，商討進行，余居其一，明日開始集會。

10 月 13 日　星期二　晴
業務

上午，出席會計師公會對進出口業印花違章案專案
小組會議，決定推代表三人與該公會接洽，又三人起草
消息一則發登新聞紙，公費照罰鍰數提百分之一至一・
五，但每件不得低於二百元。鄭邦琨兄介紹章平律師轉
介紹華山運輸公司委託鑑定帳目案，晨間尋余未著，下
午余與聯繫，在稅務旬刊社及新蓬萊先後見面，確定原
則並略談案情內容，約定於明日下午訂約，至於介紹費
一節，余已向鄭、章二兄分別表示，照習慣辦理，俟收
到付給云。

10 月 14 日　星期三　晴
業務

上午，參加會計師公會印花稅案小組，據代表報告
進出口同業公會對本公會昨日所提之條件尚未答復，又
由季貽謀所擬發刊新聞稿一件，其尾端有不甚妥善處，
經余加以修改，一面表示會計師對此案是非曲直應由會
計記錄及其他資料上著眼，一面仍懷抱充分之熱誠，既
不偏於理智，亦不偏於情感，此稿均以為善，發出後並
分別洽各報務須照登。

公益

中午，參加由秦德純、裴鳴宇、趙季勳、李振清四人出面邀約之宴會，計到二十餘人，皆山東在台人士，飯後由秦氏及龔舜衡分別報告此舉之意義在報告員林實驗中學將前山東漁農基金保管委員會移交之立達工廠出售於原承租人王豫民，作價十五萬元，現款分期交付，比去年基金會出售時作價減少八萬餘元，實因當時作價太高致未成交，現在紡織業仍在不景氣中，此價已不為低，而學校難關得以度過云。

10月15日　星期四　晴

師友

下午，韓世元兄之弟來訪，閒談稅務，渠現在台北縣稅捐稽徵處擔任職務，所談甚有見地。下午，李進盤君來訪，渠係十七年前安徽財政廳訓練班出身，久已不復相識，刻在審計部任協審，並協辦駐國庫審計室事務，數日前途遇，渠尚識余，自稱學生甚恭，亦難得也。

娛樂

晚，同德芳到省立圖書館參加該館與美國新聞處與教育廳交響樂團合辦之第四十四次音樂演奏會，全部唱片擴音，清晰如真，余等到時已晚，正奏第三節彌撒樂，最後為黑人女高音獨唱家安徒生獨唱曲凡九首，極為精彩，如此優美之聲樂，向未聞也。

10 月 16 日　星期五　雨
師友
　　上午，蘇景泉兄來訪，意在通知余在革命實踐院之訓練已定為第一期，余本不知，但昨晚已接研究院之通知，訂於下週六入院參加第二期教育之黨政軍聯合作戰研究班。
業務
　　下午，出席會計師公會理事會，研究星期日會員大會之事項，並加入上屆大會議決案執行情形之報告，又決定大會主席由劉階平擔任，如為時過長則可能由余擔任後半。
家事
　　晚，到姑丈家探詢表妹明日出嫁有何須余幫忙之處，並交德芳代縫之內衣。
娛樂
　　晚，參加革命實踐研究院四週年紀念會，游藝節目大鵬劇團之春秋配與戰宛城。

10 月 17 日　星期六　雨
業務
　　星期二鄭邦琨兄所介紹之業務，本約定於第二天前來訂約，但數日來忽又未來履行，余昨日詢鄭兄與章平律師，均謂尚不知情，今日上午與章律師通電話，據云已詢當事人，須接法院正式通知始行委託云，至於是否有其他情節，則尚未能斷定也。

家事

下午，到地方法院公證處參觀表妹姜慧光與隋錦堂君之公證結婚禮，參加者九對，品類不齊，法官亦草草了事，反不如以前政府機關所辦之集團結婚，禮畢後在會賓樓宴客，凡九席，余家只留紹南看家，其餘子女均參加觀禮並吃飯。

10月18日　星期日　晴

業務

上午，到社會服務處出席會計師公會會員大會，余為主席團之一，前段報告事項由劉階平兄主席，報告畢即提前攝影，繼續開會討論提案，由余主席，計預收提案三件，臨時動議三件，於一小時內全部討論完畢，今日之會風平浪靜，乃由於無改選之事，其中出言略有不妥者只林有壬一人，此人曾擔任常務理事二年，功則歸己，謗則歸人，權不放棄，責不負擔，本不置一提也，又今日出席法定人數應為六十五人，始克過半，實際只到五十餘人，乃臨時請有關係之會計師代他人代表，始湊足人數，會場中亦只有林有壬提出質問，終以無人附和，未成問題。下午，章平律師來訪，約定明日洽華山運輸公司查帳案。

10月19日　星期一　晴

業務

上午依章平律師昨日之約候其與華山運輸公司王基業同來辦理委託查帳手續，並收受第一次公費，據渠交

來之資料，渠去年與郭國基合力籌辦華山運輸公司，二人私訂有契約，規定以五百五十股給郭國基為乾股，以郭為董事長，王之夫人吳清香為總經理，實由王擔任，所以如此，因渠已任士林運輸公司經理，依鐵路局規定只能擔任一處，公司成立迄今年餘，因郭自己事業失敗，垂涎於此，故到法院控王侵佔云，王言下郭之存心確屬不端，然一再謂請余幫忙，似又極為情急，可見其所主持之公司，恐亦難免有立腳不穩之處。

集會

晚，參加提名國大代表聯誼會，據報告出席問題因友黨開價甚高，前途樂觀云。

師友

下午，到財政部請馬兆奎兄介紹訪人事處長陳石，商洽辦理儲備人員登記事宜。

10 月 20 日　星期二　晴

業務

上午，到法院檢察處處理郭國基等控告王基業侵占一案，今日係接檢察官周定宇之通知，主兩造各請會計師到場商定進行查帳辦法，屆時全到，對造會計師為王熙宗，經洽定查帳地點為該運輸公司，會同檢查並隨時封存，余因對案情不明，請檢察處准予閱卷，惟未允許，關於查帳範圍以侵占有關事實之容許可判斷是否成立侵占者為主要，對造要求限期查畢，余表示儘量求速，但不能限期，檢察官亦云然，於是由法院出發，兩造各攜帳目到華山運輸公司，不料其地湫隘不堪，無法

下手，乃又決定改在余之事務所辦理，經即同來，由當事人買箱封帳，箱有兩鎖，二會計師各司其一，並會同加封，下午開始工作，余進行事項為檢點雙方之帳冊是否連貫，並與原告郭國基之子等談彼等控訴內容，全日皆係準備工作。訪鄭邦琨兄，將本案所收公費前半數之十分之四計六百元面交，作為渠與章平律師之介紹費。林頌樨會計師遷移至中正西路，來柬請指導，上午特往道賀。

師友

晚，曹璞山兄來訪，閒談如何經營副業補助生活，未有結論。下午，宋志先兄來訪，談近況。晚，蘇景泉兄來訪，談革命實踐研究院後期教育調訓之方式與標準。

10月21日　星期三　晴

業務

今日繼續會同王熙宗會計師查核華山運輸公司之帳，余由當事人對造所指控各節著手，其內容因未能由法院檢察處得來，故須向當事人對造詳詢，經交余表格一份，其中一一詳列，余即開始由其所列順序檢查帳內記載及傳票並另訂之附屬單據，抄入余之查帳底稿，另將單據內容一一註明，以備再向余之當事人詢問。

師友

訪吳蔚人氏，請為余出具保結，證明余在廿二年十月至廿五年八月在政校任助教，吳氏現任外交部會計長，早已銓敘，其資歷在銓敘部有案可查，故無須附送

彼之證件，此為一種便利處，當時即蒙照辦，並查卷將
同事之年月日填入，與余適相合。

娛樂

晚，偕紹寧參加第一屆華僑節慶祝大會，地在三軍
球場，首為一大會之形式，最後始為游藝節目，以二女
中之「凱歌歸」與蔡瑞月之西班牙舞為最精彩。

10 月 22 日　星期四　晴

體質

上午，到第一總醫院應革命實踐研究院指定繳送表
件及檢查體格，一切正常，只有上牙不健全，及痔疾
等，又有精索靜脈伸張，不宜過勞，此皆小疵也。

業務

本日繼續查華山運輸公司之帳，上午余查原告指
控之點，因其傳票並無編號，單據則日期多非記帳日
期且無編號，查來特別費時，故有時利用原告該公司
經理謝桐榮加以檢索，以節時間，下午王熙宗會計師
病，工作暫停。

師友

下午，到財政部分訪陳石處長及金克和司長，請為
余證明在山東省銀行任職之期間，均允俟余呈文到部後
即行照辦，並允根據其他證明連同部派令到達前之一段
一併加入計算，因銓敘部對證明甚刻板，今一併加入財
部之證明，自多便利也。李濂生、閻若珉二兄來訪，不
遇。逢化文兄晚來訪，閒談關於儲備人員登記事。

瑣記

上午，訪區黨部接洽由小組移出事，並確定後日小組會議時改選組長，晚將現在有用之文卷送幹事高嘉端，不遇，交其同住之林國瑞君代為收轉。

10月23日　星期五　晴

業務

下午，續查華山運輸公司之帳，已將王基業被控之點加以核對，內容已有所了解，余因故須暫停，故與王熙宗會計師洽定分別查核，王送來之帳由彼查，郭、謝二人送來之帳由余查，並分別保管，昨日與今日上午因王會計師病，故未進行，但此後分頭辦理，牽制可少。

師友

上午，訪趙季勳兄於監察院，請為出具山東省銀行服務證件，約定下午來取，但未取到。

集會

下午，出席財經十九小組會議，由余擔任主席，並討論關於反共救國會議問題。

10月24日　星期六　雨

師友

上午，訪財部人事處陳石處長，面交申請證明山東省銀行經歷之文件，附件為今晨前往取來之趙季勳兄證件，並財部原派令，請其辦妥後寄至余之寓所，俾再辦儲備登記。

業務

　　上午，到法院向周定宇檢察官報告華山運輸公司案查帳經過，建議和解，周將日內開庭施行和解，余並於辭出後電話章平律師請轉告王基業君預作準備，並促成之。

受訓

　　上午，到陽明山入研究院受訓，到後先領衣、書，下午自我介紹，晚選舉隊長、室長等。

10 月 25 日　星期日　雨

作文

　　今日革命實踐研究院之規定全日工作為寫作「自述」，凡已經受訓重新入院者，只寫離院以來之階段，共分七段，首為工作之變遷，次為離院後之服務成績，余寫三事，一為參與公營事業估價，二為成立會計師公會黨團，三為主持小組從未間斷，第三段為離院後生活狀況，述執業原則有所不為，生活清苦自甘，第四段實踐訓詞心得，就新、速、實、簡四字有所發揮，第五段離院後一般研究心得，列出寫作譯作論文八篇篇目，第六段對實踐風氣之觀感，寫出齊魯公司不用有功人員，第七段示人不廣，有背「高級幹部之責任」訓詞之指示，第八為今後之志願，寫願從事經濟工作，並義務為黨營事業服務，寫完後並填摘要表一紙，計四小時完成，二千五百字，未另行謄清。

10月26日　星期一　晴

受訓

　　昨日撰寫自傳至午即畢，下午下山回寓，今晨返院，於九時舉行紀念週，由張主任疊報告第二階段教育之計畫、研究之原則與態度，歷時一小時半。下午開始上課，名為實務報告，由中央黨部秘書長張其昀作黨務報告，係以綜合方式對中央黨部之各部門工作作一敘述，今日只講一半，其餘續講，今日所講中央之機構謂彷彿五指，其數不能過五，而中央本身反有十三單位，故有三副秘書長以協助之，不能自圓其說，下課後紛紛引為奇談。晚間並無功課，只自由自修，比前次受訓為輕鬆多矣。

10月27日　星期二　晴

受訓

　　今日課程有研讀訓詞及黨務報告政治報告等，研讀訓詞由一人在台上宣讀，眾人則在台下默讀，讀後並不寫作心得，黨務報告係接續昨日，由張其昀擔任，業已講畢，雖極零碎，然屬於實務報告，只能如此。下午為陳誠擔任之政治報告，此課程為六小時，但兩小時即已講畢，所講亦漫無系統，只就本年施政重典八項及今年所擬明年上半年施政計畫六項中之問題隨意演述，明日則預定答復所提問題，全體研究員均各擔任課程記錄一次，余即係擔任此課程，晚間就其所講加以整理，撰寫完成。晚，舉行生活座談會，討論生活公約，及請求休假日將時間提早等。

10 月 28 日　星期三　晴

受訓

　　晨，集體研讀訓詞「三民主義的本質」。上午，實務報告，由參謀總長周至柔作軍事報告，於軍制、軍力、訓練、人事等項均有報告，今日只完成其半，內容比較充實，準備亦甚充分。下午，行政院秘書長黃少谷代表院長陳誠答復日昨各學員提出之問題，並未準備，任意作答，有極不著邊際者，但均能提供答案，確具有幕僚長之聰明，其答有關國民大會事項云，依目前計算出席人數僅僅過半，為防不能達到法定人數出席，恐將出於修改國民大會組織法將法定人數降低之一途，經費並未正式列入以送立法院之預算，預定由預備金一千五百萬內開支，此項預備金尚須顧到其他性質之開支與反共救國會議之開支云。今日提早二小時休假，下午三時即下山。

業務

　　晚，到事務所處理業務，所處理者全係郭國基等控訴王基業等侵占一案，先是郭與其代表會計師王熙宗來訪，堅主請王將今年四月廿三日以後之日記帳及八月以後之單據交出審核，並請余報告檢察官通知王照交，當即由余與王會計師聯名備文一件，交郭呈送，繼則王基業夫婦來，余將郭等所控不法支出及應收未收之各款項交王詳細參閱，並約定於本星期六下午七時同訪其代理律師劉旺才商量如何進行和解。與劉階平、鄒馨棣兩會計師通電話，知公會推人與進出口公會商洽代辦印花稅之舞弊案牽涉商人一案之聲援事件，已由該公會將計就

計以三代表及其他個人進行之會計師四人介紹於會員，
請其自行擇聘，此項辦法已與公會之原議不同，且與公
會之對外身分大有妨礙，公眾之事往往敗於害群之馬。

10月29日　星期四　雨

受訓

上午八時前到貴陽街集合上山，九時開始上課，今
日上下午凡六小時皆為張其昀之專題演講「本黨歷史與
理論」，照其最近編行之「黨史簡編」講述，而略有出
入，聽講時因有書可看，未做紀錄，只以此次時間從事
閱讀該書，其編述之法一如其他同類之書，只將總理、
總裁之著述將同類者加以彙纂，再用自己之文字予以貫
穿，閱讀之時僅能得一比較有系統之見地，而所陳之意
則無一較深或較新者。

10月30日　星期五　晴

受訓

今日早晨照例讀訓詞，上午為軍事報告第二次，由
周至柔總長擔任，其中對於現有軍力事實完全無所隱
諱，比去年報告詳盡多矣，下午為谷正綱擔任之專題報
告，本黨社會政策之沿革，凡三小時始畢，完全注重敘
述，然十分簡明，下午七時，因今日為院長六十七誕辰
前夕，簽名祝壽，並每人事先出資三元買大壽糕，屆時
舉行簡單儀式，由主任牽領行三鞠躬禮，鳴砲，繼由女
同學切糕，順序往取，情況熱烈，此大壽糕直徑如圓
桌，甚為美觀，在余向來所見為最大。

娛樂

　　晚，舉行第一次晚會，演電影，片為雙十節光復節與本屆運動會第一號新聞片，最後為五彩歌舞片「藍天堂」（The Blue Heaven），由比提芊蘭寶主演，並有美姿蓋娜早期參加演出，甚熱鬧，拍攝亦佳，惜無甚意義。

10 月 31 日　星期六　晴

受訓

　　續讀訓詞「重建本黨的基本問題」連昨日所讀已全部讀完。上午，上課三小時，為「總體戰之研究」，由范健講授，此人為日籍，不知本名為何，講時用日語，同時有人譯成中文，故所費時間較長，然於寫筆記則為一方便處，因講述人只發一大綱一參考書，並無講義也，余聽日籍教官功課，此尚為初次，覺其條理甚為清楚，說理亦復充分，由淺入深，以戰法為緯，以戰史為經，在夙昔不習軍事之吾人，獲知甚多之軍事學識，頗足珍貴。下午舉行第一次研究工作座談會，由教育委員會主任委員張其昀、副主任委員倪文亞及委員陶希聖、李壽雍出席解答各研究員所提諸問題，其中有關於要求星期三、星期六下午提早休假之答覆，陶希聖謂和尚即須住廟，在家不易修行，語頗解頤，會議至下午四時完畢，即休假下山。

業務

　　晚，到事務所料理業務，王基業查帳案之對造郭拔山來訪，謝桐榮通電話，余告以正在與王基業核對未記

帳運費之帳目，何時結束不能一定。王基業及其夫人女公子先後來訪，余本約對造會計師王熙宗明日見面，因王帳未取來，即照王意寫一信給王會計師取消明日之約，並請王基業於明日約律師商談和解云。

11月1日　星期日　雨

業務

上午，王基業約在三陽春午飯，在座尚有章平律師，據研討結果，決定先由王將其對造所檢舉其應收而未收帳之運費部分加以詳細核對說明，暫時不自動提出和解，據王云此項未收帳之數並不如謝所開之多，且即使未收者亦皆有小帳簿另外記載，所以記載另帳者，因收入即須付出之故，此項方法謝亦均知，余即囑王將能證明謝亦知情之人證或物證亦分別提供，以防為謝在法院所反噬，又王提出全部帳冊亦有整理之必要，經檢討結果，皆以為與本案似無關係，待將來再說云。

師友

下午，蘇景泉兄來訪，探詢革命實踐研究院第二階段教育開始以來之情形，渠有意活動參加，余告以西北各省調訓恐須待至明年冬季或後年春季，但渠所任之台灣大學職務有時不能離開，希望何時調訓能有事先選擇之機會。

交際

前齊魯企業公司職員鄭錫華君下午在青島東路裝甲軍官俱樂部結婚，余到時業已入席，未見其行禮，今晚在席間所遇前齊魯同仁人數甚多。

11月2日　星期一　雨

受訓

上午十時半舉行開學典禮及紀念週，由蔣總裁主持，訓話說明第二階段教育聯合作戰研究班之重要，並

因吳稚暉先生於前日逝世，特舉吳氏之為人的特點以相
勗勉，繼即研讀訓詞一篇，禮成。下午繼續由日籍教官
講總體戰之研究，已經告終，內容甚精要，有若干戰爭
思想為二次大戰所無者。

師友

　　晨訪逢化文兄，探詢關於後日丁惟汾氏八旬慶壽
事，託代蕭之楚參加簽名。

11月3日　星期二　雨

受訓

　　晨，研讀訓詞「革命哲學的重要」。上午課程為
「軍事動員之研究」，由日籍教官中文姓名為徐正昌擔
任講授，講解甚為瑣碎；下午課程為「戰爭哲學與軍事
科學」，由日籍教官華名白鴻亮擔任講授，此課程首段
講戰爭與軍事之區別及戰爭性質之演變，尚無特殊之
處，中段研究關於精神在戰爭中之價值，由克勞塞維茨
戰爭論引伸為「機」之研究，極有獨到之處。傍晚由談
修授歌詠大時代進行曲。

11月4日　星期三　晴

受訓

　　今日功課均為軍事方面，上午為徐正昌之動員之研
究，下午為白鴻亮之戰爭哲學與軍事科學之研究，以後
者所講內容比較充實，但譯員多有拖杳不清之弊，其
講演內容有一段「論機」，所涉及者不但為軍事，對
任何其他方面俱可援用，可見軍事達於最高指揮階段

時，應完全有出神入化之體會，其始以文字傳，其終
則脫離文字也。

師友

　　晚，王建今同學約同班同學八人在家吃飯，閒談受
訓時之觀感及應注意之點。訪逢化文兄詢丁惟汾氏八十
壽簽名事，不遇，旋逢兄來，謂簽名在秦紹文氏家，余
乃連夜前往，在所備冊頁內簽字，已簽者一百餘人，余
並代李滌生、閻若珉二兄代辦。魏盛村兄來訪，商談關
於前第七倉庫合作社所存錨鍊之變賣處理事，余主張由
律師全權辦理，因如吾人參加意見，則反使律師不能決
斷，有阻實際工作進行也。

11 月 5 日　星期四　晴

師友

　　晨，訪成雲璈同學，因渠昨日來信對余向財政部
申請山東省銀行證件事表示困難，其實渠不知余已與
財部主管司長洽妥也，經解釋後成兄已允照辦，渠現
任財政部錢幣司科長，余之呈文已由人事處交錢幣司
由彼主辦。

受訓

　　上午功課為白鴻亮之軍事哲學與軍事科學，已經結
束，此項演講內容充實，甚得好評。下午蔣經國氏講蘇
俄現勢，內容簡單，題外所報告者則極為精彩。晚舉行
分組研究工作座談會，經濟組已有廿九人，研究題目有
六，經分別認定，但有偏頗不勻之情形，故又逐一商洽
調整，始克定案，余為第二題有關財政金融問題。

11月6日　星期五　雨

受訓

上午課程為卜道明之蘇俄及其附庸國概況，講述平平，且內容亦不甚豐富。下午，由鄭介民高森講蘇聯軍事，所據多為實際資料，甚具體而扼要。晚，舉行第一次黨務活動，小組會議，選舉組長，並討論「從總裁組織原理和功效的訓示看本黨戰鬥體制」，余任紀錄，並發言一次，由組織的重要，說明如何建立自己，打倒敵人。

師友

財政部成雲璈兄來信，囑仍加具在山東離職證明一件補送，當即轉託趙季勳兄。

11月7日　星期六　晴

受訓

晨，研讀訓詞由葛之覃講「民族正氣」。上午課程為「總理國防計劃之研究」，由國防大學校長侯騰擔任，極為粗淺，繼為「現代兵器之進步與趨勢」，由兵工署長唐君鉑擔任，內容甚豐富，但為時間所限，多淺嘗輒止。下午課程為「三軍作戰概要」，由國防大學明玕東等三人分別擔任，每人一小時，包括陸海空軍，因時間所限，只能談及常識。

瑣記

院內勵志社對每期研究員例有文字游戲徵答之事，本期出題為文虎徵射十六則，詩句推敲十則。文虎云：陛下萬歲，研究員一，王多年，余答同；宏我禹域，研

究員一，張國疆，余答同；實施耕者有其田，縣名二，惠農、農安，余答新田、農安；獎券，四書一，得之為有財，余答富而可求也；三七，韻目一，二十一箇，余答同；啞兒，書名一，子不語，余答同；六、九，成語一，七上八下，余未答；決無一失，縣名一，萬全；一飛沖天，研究員一，張振宇，余答滿擊雲；π，四書一，是非之心，余答空乏其身；二五不是一十，三四不是一十二，詩經一，其實七兮，余未答；舊游之所，中藥名一，熟地，余答同；正午，詩經一，日之方中，余答同；醒後方知身未仕，古官名一，夢官，余未答；兩點一直，一直兩點，字一，慎，余答同；文匯大公人民日X解放X，詩經一，匪報也，余答不成報章。推敲云：未容○睡敵千冬，（春、酣、沉、濃、棠），取春，余取酣；淡煙疏罄○空林，（伴、繞、散、擾、動），取散，余取繞；○我無聊鬢已皤，（嗟、嘆、媿、笑、似），取笑字，余取嗟；十里長亭○鼓角，（鳴、哀、悲、驚、聞），取聞，余取驚；鐘罄時聞○○敲，（遠寺、隔水、斷續、帶月、月夜），取隔水，余取遠寺；安得道人攜○去，（雨、花、詩、杖、雷），取雷，余取杖；曲終推琴意愈○，（永、淡、澹、長、深），取澹，余取永；閉門孤枕○殘釭，（伴、對、黯、冷、有），取對，余同；○月無人見晚粧，（拜、望、賞、玩、翫），取拜，余同；功名○○床頭劍，（辜負、有負、未了、未遂、竟負），取未了，余取辜負。以上文虎共中九則，推敲則僅中兩則，後者所以難中者，因余只就用字上著眼，而不明平仄之

用法也。兩項均於今日揭曉，共有十一人得獎，余為第
二名，得信牋信封各一束、梳一、肥皂一，雖為物無
多，而頗有興趣。下午五時起休假下山返寓。

業務

　　與華山運輸王基業君通電話，詢其對原告帳務指摘
各點均已查明否，據云尚無。

11月8日　星期日　晴

師友

　　丁暄曾君夫婦來訪，係久不相晤，特來探詢有無應
辦之事者。蘇景泉兄來訪，據談革命實踐研究院黨政軍
幹部聯合作戰研究班之調訓對象，除按省分之配外，其
南京、上海兩大都市則不分省籍，以曾在該等都市服務
者為準，故渠雖為寧夏省人，但在此原則下仍欲活動早
日調訓，以免遷延以後反與其所任職務不易配合云。

娛樂

　　晚，到大世界看華特迪斯耐卡通電影「小飛俠」
（Peter Pan），色彩畫面，美麗之極，音樂配合亦佳，
惟似供兒童欣賞，若為成人，則其美術價值次於「幻
想曲」也。

11月9日　星期一　晴

受訓

　　上午，乘院車回陽明山，十時舉行紀念週，研讀訓
詞五十二頁，並無其他報告。下午，外交部長葉公超報
告當前國際局勢與外交，雖極有風趣，然題外之話太

多，其中涉及外交要案者只有當年政府由南京遷移廣
州應付外交團之一段，及數年來在聯合國與蘇聯鬥爭
及每次開會爭取與國之辛酸，為不在外間得聞者，但
亦語焉不詳。

失言

同室九人，課餘因已嫻熟，每多笑談，滿室春風，
但有時出口覺有欠斟酌，無法收回，輒多悔恨，院內因
後日起中央在此舉辦三中全會而休假五天，各學友均紛
紛準備回家，其中有外縣者，余詢以是否回去，接開玩
笑謂不回去者恐亦只數人，大可集中一營，此話出口後
始覺省大有毛病，設被人猜測，認為諷刺全體，不將有
口難辯乎！此等場合最忌快口，風雅諧趣，宜有分寸，
余往往衝口而出，後當切戒。

11 月 10 日　星期二　雨

受訓

今日起，因所有實務報告、專題演講均已完畢，新
排日程為每日兩次之研究報告，此項研究報告為今春至
今秋所舉辦之五十四人研究會之作品，除印行小冊外，
並由當時之研究員分之輔導員中一人擔任口頭報告，今
日上午為陳紹賢之中國政治制度，下午為馬潤庠之自由
主義國家經濟制度與政策，故報告三小時，均照書面略
加解說而已，且兩人均粵籍，官話太差，故引起之反
應略為欠佳，但其實均十分盡力也，下午五時起休假
五天，並將行李各各包紮，在此期間為七屆中委三中
全會所用。

11月11日　星期三　晴
師友

上午，同王慕堂兄之戚丁暄曾君到招商局訪王兄之友王竹尊處長，此事因王兄在此時曾一再提起，日昨復來信鄭重介紹，謂王君守正不阿，清貧自甘，其為人有獨到之處，故往作初次之拜晤云，因在辦公室內，只略寒暄而已。下午，訪張中寧兄，不遇。訪黃德馨兄於台灣大學，因紹南申請該校工讀獎助金經黃兄之協助已經照准，故特往道謝，據云今年核准之比例只有百分之八，故非有特殊條件，似乎未易照准，閒談移時即返。

11月12日　星期四　晴
業務

深夜，華山運輸公司負責人王基業來訪，謂甫接傳票，明日地方法院檢察處將開偵察庭，開庭時對方必對於其未將帳簿交出一節（指一部分）提出指摘，渠希望余屆時到庭，說明此項查帳工作因王君整理其所作之答辯至今方始完畢，故查帳工作無法迅速完成，又關於其所作答辯，希望余帶至法院，表示已經交余審核，渠並希望能於將來將原件交其代理律師一行校閱云。

11月13日　星期五　晴晚雨
業務

上午，到地方法院檢察處參加周定宇檢察官之華山公司侵占案偵查庭，王基業及郭國基等均出庭，余當庭報告因資料不全故查帳報告之製作尚有待，檢察官未

作何表示，即將對造王熙宗會計師所具報告書交余研閱，其時正偵訊各當事人，原告方面認為王基業之侵占數有六十餘萬元，被告則認為不實，即將昨晚所寫完之答辯書約略加以解釋，此答辯書乃由余持到法庭，向法官報告渠昨日方始交到正待審查者，最後檢察官諭知雙方本屬好友，所控各節內容瑣碎複雜，囑原告將其會計師報告書副本交余一份，並會同審查內容，一面兩造應自行商量和解條件，以息事端。余今日核閱王會計師之報告書，本文甚簡單，不過二、三百字，只謂查帳期間為何，又謂該公司帳目不合會計法、公司法（會計法其實全無關係），至於不合之內容則全為附表，附表共數六十餘萬元，全為原告方面所提出，彼不過加以抄錄，可謂了草之至。下午核閱王基業答辯書，文字不通而可採之事實與證據極多，余準備摘要列入報告書內。

11 月 14 日　星期六　晴
業務

上午，應王基業之約到事務所會同王熙宗會計師啟開華山運輸公司之帳箱，備稅捐稽徵處來員之複查，但直至下午始來，其複查對象為今年上半年之所得稅，該公司本未申報，於是逕行決定，該公司不服，遂依法先行納稅然後申請複查退稅，其逕行決定之最大不合理處，為依據該公司開出統一發票收入之運費為營業收入，至其轉付鐵路局及其他運輸機構之運費則並未計入成本，乃發生極大之差別云。下午審查王基業所開之關於說明被郭國基、謝桐榮控告其收受公賣局運費延不入

帳一事之要點，大部分內容已明瞭，尚有小部分俟王君今日再加詳算後，定於明日繼續研究，余將俟此部分有結果後，著手寫本案之查帳報告書。

師友

晚，隋玠夫兄來訪，送來截至本月七日止代存款三千元之利息，並閒談受訓情形，又討論票據法與信用合作社等問題，隋兄對於正在辦理尚待年底始可結束之銓敘部儲備人員登記辦法尚無所知，余告以此為新任用法實施前之方便辦法云。

11月15日　星期日　晴

公益

山東省輔導漁農生產基金保管委員會召集結束會議，余於下午前往參加，據云會已開過，只待聚餐，及晚飯於會賓樓，見所邀除會內委員及兩法律顧問與職員外，尚有山東在台知名之士數人，如秦德純、龔舜衡等，席間並由正副主任委員分別致辭，今後除所有財產已經移交教育部特設員林實驗中學外，所餘只有與陳貫一之訴訟，只待以委員會之名義繼續進行，此外無事矣。

業務

下午與王基業以電話談其運輸公司事，原議今日來此研究一部分之帳務，但因其所準備者尚未就緒，故決定延展。余下午到事務所將較零碎之事務加以整理，並帶回一部分，以便陸續結束。孫伯棠主委在晚飯時談及，可在其所住之第四合作社為通信處，余決定第一步

先將招牌改掛該社，其餘再行續談，渠亦須與經理王豫
民先作商談，至余之招牌本掛於兩合作社大門之中間，
即不移亦可。

師友

　　晚，訪楊孝先氏於文化招待所，因久未相晤，特往
閒談，楊氏近似牢騷已少。

11 月 16 日　星期一　晴有陣雨

受訓

　　休假五天已滿，晨到貴陽街搭院車回山，上午為讀
訓詞、紀念週，由陶希聖氏報告本屆三中全會開會經過
與會議內容大要，可注意者為關於國民大會之舉行已定
於明年二月間，關於最近公佈之代表遞補辦法用意並非
為增加人數以使合法，故明知此條例之為用有限，又決
定著手修改國民大會組織法內有關大會開會法定人數之
規定為三分之一，其所來報告者即總統副總統選舉罷免
法內之投票得票數自亦將作同樣之修改，此項措施之用
意在不顧會議基礎之薄弱而以排除若干代表與後補代表
之補入為先務矣。下午由劉純白報告蘇俄之經濟制度與
政策，照小冊說明，無多發揮，而小冊取材多有由外文
直譯而來，意義含混難明，有若干不習經濟之研究員，
更將如墜五里霧中矣。

起居

　　院內已將寢室調整，余所住原為第一宿舍，因有女
輔導委員一人堅持要求在女寢室旁闢一單室，乃將余等
一室九人移至第二宿舍，特點為無地板，有較近之浴

室，盥洗室較大，四週較靜，距研究室近，距大禮堂與
圖書館則較遠。

11月17日　星期二　雨

受訓

上午，仍先研讀訓詞。上午課程為民生主義經濟制
度與政策，由輔導委員孟昭瓚擔任，說理甚清楚。下午
課程為匪黨組織之研究，由輔導委員崔垂言擔任，彼對
於所預備之報告資料經過熟讀，故不看稿件而能照所
定次序一一說明，且遣辭造句，均順理而成章，殊為不
易，在輔導委員所擔任之各報告中，此為最成功者，其
中最精彩部分尤為開端所講匪黨所依據之組織理論馬克
斯主義與列寧主義，如何變質而成為在無產階級與國際
主義之偽裝下，將知識分子與俄羅斯民族主義及暴動主
義三者融合而成今日之匪黨組織依據一節，可謂不蔓不
枝，絲絲入扣，而講解時借圖表以示其系統與條理，尤
可使聽者感覺興趣。

閱讀

蔣總裁新著「民生主義育樂兩篇補述」，內容係將
生育、養育、教育及康樂活動之旨歸一一加以闡述，明
白曉暢，且多獨到之見，文字亦優美生動。

11月18日　星期三　雨

受訓

上午，研讀總裁訓詞「總理知難行易學說與陽明知
行合一哲學之綜合說明」，此篇訓詞說明行易知難之知

指知識而言，知行合一之知則指良知而言，故表面二說相背而實際並不相背也，但有一點為總裁所未說明者，即總理在行易知難學說中對陽明知行合一之說批評甚烈，且認為日本之臻於富強，並非得力於其國民之提倡陽明哲學，在基本看法上自仍有距離耳。上午課程仍為輔導委員之研究報告，前半部由施金齡報告匪偽政治設施，其機構與設施之分析與評判，後半部由陳珊報告司法概況，前半部比較平實，後半部則因報告態度過分緊張，反使聽者感覺異常，下午由張維亞報告「匪區財政經濟研究」，題目太大，以三小時報告九個經濟部門之概況，等於走馬看花，報告者本非學習經濟者，然賴自修成功，了解甚精，殊為不易，今日報告均未先將印成之小冊發出，只賴圖表懸掛，靠後坐者輒覺吃力耳。本院講解課程現在全用圖表，講台上有精緻之圖表架，高約丈餘，寬可倍之，下端有抽屜二，放置教鞭，正面半面鑲黑板，另半面為空架，備所掛圖表之木板由黑板後拉出，此種可以用滑輪拉出之木板可有五、六片，每片兩面均可張掛，當中有軸，可以旋轉，由正而反，版面大小適為直放之新聞紙四張，繕寫繪畫，均極費功夫，恐由此而添之人亦不在少數，又此種圖表多半亦複印於研究報告之後，聽講者無照鈔之煩。

師友

　　此次在院受訓之山東籍研究員共二十二人，另輔導委員一人，即劉道元兄，晚在會賓樓全體聚餐，其中除二人為研究院特別班學員，下週即須回石牌動員訓練班外，其餘二十人均接觸較多，在院或本為熟人，或居住

較近，故無形中以彼二人為客人矣。

業務

晚，到事務所，與王基業寓通電話，僅詢其有無事相洽，並定於下星期日往訪。事務所房屋本據魏盛村君云定於十七日款房兩交，故余於十六日函渠謂如對方交款，余之文件用品均已大體整理就緒，請通知舍間由小女往取，否則無動，以免上當，今日往觀，則木器全無，余之物件則堆置屋角，魏君不在，房客郝律師方面人云，屋款並未照交，彼等找房成功一、二日即移出，但買主之誠意如何須防，言下對魏君之措置似有微詞。

11月19日　星期四　雨

受訓

晨，到貴陽街搭院車回山，此項車輛本為所調軍車，今日適遇狂風暴雨，上面只有破篷，雨水下注，前口無遮，風雨則由前灌入，車內木板又多破損，坐凳稍一不慎即將腳陷入洞內，如此因陋就簡，人謂院內事務大有退步，就此一端已甚顯然也。途中又險遭碰車之禍，思之猶有餘悸。上午課程為研究報告徐晴嵐之「匪黨社會控制之分析與評判」，題目甚空洞，而時間亦為三小時，且多偏於理論，講解尚稱清楚，下午課程為徐家驤之「匪區文化教育研究」，所印小冊先已發出，照冊解釋，無甚精采，且有力竭聲嘶之觀。此次研究報告有十餘題之多，皆有文字說明，印成小冊，但後報告者有十小冊先發，而先報告者反印刷不及，緩急無序，為事務退步之又一證明。

娛樂

晚，舉行晚會，首為電影「新疆風光」，攝製不佳，而頗富教育意味，次為新疆歌舞團由沙意提領導之歌舞表演，男團員五人、女團員六人，節目凡廿五項，其節奏多偏於手部與頭部之動作，音樂則中西合參，然大體言之，固別有一番情調也。

11 月 20 日　星期五　雨

受訓

上午，課程為輔導委員王鎮擔任之「共匪戰略戰術研究」，為純軍事性質之報告，實際多為戰術部分，將共匪叛國開始起二十年之作戰方式選其有標準性者近十次分別予以定名，而繪製圖表分析其內容與特性，解釋清楚，條理井然，頗為難得，或因余為不諳軍事者特別感覺新鮮之故，至此各輔導委員所擔任之研究報告即已全部結束矣。下午臨時加陶希聖氏之演講三小時，為「民生主義育樂兩篇補述」之說明，陶氏雖未明言渠為該書之實際執筆人，但由其說明之內容及原書所用之筆法，可以斷定即為該書之作者，特以總裁著作名義刊行耳，陶氏又謂此書與「中國經濟學說」及「中國之命運」同為總裁之經濟著述，理論在經濟方面完全一貫，可見前二書亦陶氏之手筆也，又渠今日作此演講之用意謂因去年反共抗俄基本論出版後，各方約彼演講者如雪片飛來，無以應付，設本期研究員能有十人從事此項演講，對此兩篇之精義之闡揚必有甚大貢獻云，至演講之內容分成大的段落，為社會史觀、中國社會的變動、自

由安全社會的建設、民生主義的社會理想四者，共講三小時，陶氏於第二段特別詳細，共講將近二小時，於舊社會之崩毀及對於人的精神生活之影響為一種文藝方式的描寫，雖詼諧百出，然不免毛骨悚然，至最後一小時則將新社會的遠景草草作一說明，輕重之間，顯有失當，又同學中頗有以為陶氏對於原書之著述態度只顧自我發揮，忘卻三民主義原書之時時不忘喚起民眾，亦是一種見地，總之今日之演說雖為大醇，而不無小疵也。

集會

晚，舉行小組會議，討論題目為「如何健全組織以加強黨的戰鬥功能」並無分題，自由發言，人各一段，余提出兩部分意見，各為三點，一部分為從工作上求健全，其中一為組織工作以吸收新黨員為第一，二為訓練工作以上下溝通為第一，三為社會調查工作以把握重心為第一，另一部分為從考核上求健全，其中一為慎防流於分數主義、形式主義，二為事後處分不若事先領導，三為有罰不能無賞，且須有具體獎勵之辦法各點，最後由主席作結論，大體上均為正面意見，僅有一人持反面意見。

11月21日　星期六　晴夜雨

作文

上午，寫作研讀訓詞心得報告，規定時間為四小時，篇目將全體分為三部分，每部分擔任一種，余為第七十一號，至一百四十號止為寫作「重建革命基本組織」之心得，余就訓詞內容提出四點，一曰指示反攻大

陸之等待主義與萬全主義之錯誤觀念必須糾正，二曰強
調同盟會、中華革命黨及十三年之改組的黨的組織的優
良傳統，三曰提示武力必須與民眾結合始為反攻勝利之
保證，四曰台灣合法政治運動與大陸革命運動不可分為
二事，誤以為戰時中竟有平時，全文共約一千五百字，
二小時完卷，學友中頗有字斟句酌，延至下午始行交卷
者。下午，舉行建議事項，其中有提出交通車上之設備
太過簡陋者，正為余所擬提出，在冬季風雨交作中確為
一重要之事。

師友

下午，提早休假，四時抵達寓所，第七合作社之經
理魏盛村君來訪，談郝清源律師移居覓房事希望協助，
並解釋將余之器具撤除文件送來之原因。

11 月 22 日　星期日　晴有陣雨

師友

晨，魏盛村君同郝清源律師來訪，郝律師現住漢中
街一六七號前合作社現于長江之房屋，至遲應於二十九
日前移出交於已付定金之買主，郝正在進行中之房屋為
內江街中國文摘社，其房為吳延環兄所有，渠刻在陽
明山與余同時受訓，看房人焦君與郝君初步洽租條件為
月租九百元，郝方只出八百元，尚未成約，希望余與吳
兄有所交涉，余即以電話詢之吳兄，渠先以電話詢之焦
君，然後回余電話，謂渠交代焦君者本為至低一千元，
其間因有友人曾近於成約，洽定九百元，故如讓步亦以
此為最高限度，不能再少，預付三月，法院公證，且覓

鋪保，余即歸告二人，據云與焦君所談者頗有出入，尤其預付三月一點，向未提過，經即決定二人再訪焦君，以待中午余再與二人見面後與吳兄通二次電話，及午余至漢中街，僅魏君在，郝君久候不返，余即回寓，囑魏君如有新的發展需要余與吳兄在陽明山接洽時，即於明日來信以便照辦云。下午，陳長興兄來訪，談日昨來台北，為應郝遇林兄之約，為其介紹至利源化工廠主辦會計，雖待遇不高，但因係民營，可不影響陳兄在國民大會之固有公職待遇，余亦甚贊成其事，且託其於就任後需要低級忠實人員時相告，俾為介紹可靠得力之人云。譚鎮遠君著一傅君來索還夏間交來託為介紹借款之華南造船廠營業資料，余將原件交其帶回，並付一紙條云，渠秋間所介紹之滕志雲君託辦清理業務，簽約後即無由晤面，實情如何盼便中見告云。晚，楊孝先氏來訪，談及其文化招待所同住友人為其策劃安定生活辦法，其方法為邀十四友人成會，每人五百元，渠每月還本一次，不帶利息，全數本金存出生利，以利作還本之用，十四月後即可淨餘七千元（原則算法），示余以所擬名單，有余在內，余力有未逮，而楊氏不輕言求人之助，故亦允加入，但謂款須量力，楊氏談話中對吳先培兄不無微詞，甚至其友人亦謂係吳所應負之責任，渠除自認五百元外，尚須代邀數人，所以如此，無非因吳係楊氏以前之部下，吳在抗戰期間之發財機會多為兩楊氏之所扶翼，其一為楊綿仲氏，另一即楊孝先氏也，可見所謂「四海皆秋氣，一室難為春」，信然。

業務

上午，到貴陽街訪華山運輸公司王基業君，面交渠由余之事務所將帳簿取回時所遺漏之合訂帳簿一本，並催速將公賣局運費帳核對清楚，以便余複核後作為編製報告書之依據，據云二、三日內可以就緒，渠因法院未加催促，於其拖延之本意甚為適合，故再三表示不必急急云。到第四建築信用合作社訪王豫民經理與總務劉宣三主任，道謝其上週孫伯棠理事主席允余在該社掛牌作為通訊處一事之盛意，王當表允諾，但謂孫君並未與言云。會計師公會幹事宋治平來，為向社會處請發常務理事當選證書，取去照片兩張，余並備文一件交其帶回，大意謂因奉調受訓，非在休假期間不能外出，請自十月廿四日起至一月底止給假三個月，並請將值月次序對調為第五個月云（原抽籤次序為第四個月，應由十二月末開始）。魏盛村告余，第七倉庫利用合作社存倉逾期年餘之錨鍊二噸已商得律師之研究同意出售，抵收倉租，轉作律師公費，計淨得一千元，全數付出，並定有契約，今日以約文示余，有一條云，如有糾葛由賣主負責，賣主代表人為余，且寫明住址為余之寓所，蓋章處則因魏本持有余之圖章，余對此事雖不十分以為然，但已改變不及，據渠報告，此圖章尚須再用一次，即合作社房屋抵歸于長江所有，此房出賣成交訂約時因于並未稅契，仍須以合作社名義為之，而代表人仍為余也，余亦知非如此不可，故亦聽之，獨不知彼何以未事先得余同意即將器具書報等件代余送回寓所，而對於彼與于君之仍須由余負責者，似反視為應盡之職責，且兩年來代

其處理合作社事務亦無分文之報酬，反以為可行所無事，可為寒心。

11月23日　星期一　晴
受訓

　　上午，乘院車回陽明山，住室又已移至第二宿舍第五寢室，人數減為六人，全用下舖，同室者有田子敏、沈任遠、卜昴華、王志鵠、單鳳標諸君，現在三個宿舍各住四、五十人，原在第三宿舍之軍方研究員已於上星期六回石牌矣。上午，舉行紀念週，由李副主任壽雍報告研究委員會工作情形，李氏對於會內十六期研究專題能一一成誦，記憶力之佳，實屬可佩，互一小時完畢。下午及晚間為研閱資料，今日所閱為所發土地政策討論大綱與參考資料地政類，二、三小時殊不能有何深刻研究，不過將大綱翻閱一過耳。

11月24日　星期二　晴
受訓

　　自今日起每晨研讀訓詞之方式與內容有所改變，方式由朗讀改為各自默讀，內容方面則各組均分別指定篇目，與各組所討論之題目性質有連帶關係，今日讀「中國經濟學說」上半部，此書現收入言論選輯第三卷，政治類，原發表時間在重慶之抗戰末期，余其時未獲見過，至今十年矣，今日讀其半部以見本書將中國古代經濟學說與西洋經濟學說之要義分別加以比較，簡括精要，堪稱力作，上星期五陶希聖氏曾提及此書之重要

性，或即為陶氏之手筆。今日起上午下午均用於各項專題之討論，共計六小時，今日討論光復地區土地政策，內容均照討論大綱，大綱首為各項意見之彙總，次為建黨研究會之結論，名為初步意見，討論之時，即以此項初步意見為發言之根據，據云建黨研究會草成此項結論費時數月，今日數小時之閱覽而欲有更正確充實之意見，殆非易易，亦所謂以研究為副以教育為主者乎？今日討論之前由組務委員李壽雍氏說明討論之方式，由起草輔導委員劉道元說明討論之重點，然後由預先推定之主席宣告開始討論，擔任主席及記錄者依昨日所討論決定之推派標準，為依題目屬性歸屬於組下之小組，討論時凡發言者均交發言條，每題又按子題之繁簡將時間分配，有無結論，亦在所不問，俟討論完畢後整理全部紀錄，最末一週作最後之討論，今日土地問題已在規定之六小時內討論完畢，中間有特約指導人員鮑德澂氏參加報告匪區之農業生產合作社、示範農場、國營農場之比較，又應研究員詢問，答復所謂土地國有下維持土地私有權之真正涵義，但均無十分精彩，所謂專家，往往令人失望，余今日共發言兩次，一次為關於大陸農地歸現耕農所有後應否對地主補償地價，余主張補償，因本黨不主張踢去地主，且憲法對土地所有權應有保障，況地主仍有契約在手者，已鳳毛麟角，所謂補償不過表示政府之作風與號召，實際惠而不費也，另一次為限田問題，余主絕對應限，標準按口不按戶，一以防化整為散，一以謀與民生主義人口政策相符，又將限田數額按人口土地分布為差別規定。

11月25日　星期三　晴夜雨

受訓

　　上午，研讀「中國經濟學說」下半部，指出民生主義建設之目標，與世界大同之理想，十分精要。上午所餘時間為研閱資料，但所能閱讀者甚為有限，只看過中央設計考核委員會所編之共匪財政之研究，此項小冊為該會之特約研究結果，其資料來源與其他同類者往往相同，故頗有前後不能照應之處，且據以作詳細之分析亦嫌不夠也。下午開始討論「反共時期之財政金融政策」，首由李副主任壽雍報告討論方式在一面求深入一面求發展，繼由特約研究委員陳漢平報告起草此項討論大綱之要旨，再次即討論第一段之題目，為關於反攻財源之籌措與動員機構問題，發言者只三數人，休息十分鐘後由特約指導人員財政部嚴部長家淦報告對於計畫財源應注重數字之意見，頗為詳盡，於是在繼續討論時有人提出先定軍事計劃者，此在事實上無由辦到，故無結果，最後有人提議明日上午研閱資料時間內繼續討論，經李副主任認為不必，提議者堅持其主張，表決時只有一人附議，此提議不獲通過，然此為事先已明之事實，獨不知提議者何以意見不及此，亦可怪也。今日下午討論凡三小時，於五時散會，照例休假下山。

師友

　　下午六時，吳望伋兄在金山幼稚園約同學數人便飯，席間對於當前政情以及若干偶發事件多相互報告，交換意見，至九時始散，由於最近總統府秘書長王世杰之免職事件頗有認為做事應注意兩項原則者，一為對長

官不能過親，應保持相當距離，庶不致無迴旋餘地，二
為重要事項不能口頭請示，必須取得批示，以免因遺忘
而責任不明。其實此兩事確應注意，而運用時亦非易
易，譬如三十六年余在山東省銀行總經理任內時，主席
王耀武與董事長尹文敬以補助政黨為名，令省銀行劃出
部分資金經營商業，余將計畫擬定後，偕尹同往王處請
示，王雖同意計劃而不肯批示，尹即表示不批亦無妨，
余當陷於進退維谷，自後又請尹以董事會主持人資格批
復，彼又支吾其詞，其後余奉命辭職，外間傳聞測度，
謂與此事引起王之不快有關，雖實際上並不如此單純，
然此等原則之有時難以運用，固由此可見也。上月交周
天固兄介紹印行刊載之「史達林之生與死」，直至今日
始行退回，今晚略加潤色，備送美國新聞處李卓湘處。

11 月 26 日　星期四　晴
受訓

　　院內中央直屬區黨部之區分部規定，每一研究員均
須擔任社會調查或建設案一件，余經數日之思考，決寫
成建議案一件，於今日送出，此案「事由」為「為謀在
實踐中求研究之發展，請中央對聯合作戰研究班無實際
任務之研究員，指定聯繫機關，擔任研究設計工作」。
建議意見云：「聯合作戰研究班各研究員結業後，欲求
保持、繼續、並發揚研究之成果，僅恃成立研究小組，
恐尚不足以收宏效，竊意以為應各就工作崗位體察其在
聯合作戰中之地位，並各就工作機關隨業務之演變，而
設計其在聯合作戰中之任務，按期作成報告，送院核

閱。惟各研究員情形不一，在本期中未負擔實際任務者
將近十人，多為國民大會代表或其他情形相似之人員，
擬請中央分別性質指定適當之業務機關，交由從政同志
予以名義，經常從事設計研究工作，以免閉門造車，紙
上談兵。因此等研究員均各已有待遇，並不增加此機關
之負擔，故此項辦法不發生經費上之問題。」此項建議
依規定尚須提出小組討論決定，經即先送小組組長予以
處理。今日上午時間用於研閱資料，下午繼續財政金融
問題之研究，自二時至五時除將作日未能討論完畢之戰
費籌措部分延長並結束外，第二部分租稅制度與主計、
審計、公庫等制度亦在迅速之方式下結束，余共發言兩
次，一次為對於籌措戰費部分，原發建黨問題研究會初
步結論內所列對於經濟動員總機構建立問題，主張由現
在新設之經濟安定委員會擔任一節表示反對，其原因此
委員會之傳統為若干支離破碎之小組，絕不宜負擔此任
務，且動員非屬一種新的行政，如設定眾多人員之機構
反使固有各有關業務機構之職權為之割裂，互相牽掣，
且有阻礙動員之弊，又動員為全面的，不可將經濟動員
孤立於其他動員，故此項機構應以現有之行政院動員會
報加強工作切實聯繫推動為已足，不必另設單位，另一
次為對於稅捐統一稽徵問題，原草案主張中央以外，以
省縣統一稽徵，余主張各級混合統一為原則，其稅目之
有不能統一或須分散數級徵收者如所得稅，且可分散稽
徵，一以徵收技術為準，不必強分階層。

娛樂

　　晚，第三次晚會，由五十二軍康樂隊演話劇「天倫

淚」，四幕，極悲苦，宣傳性最強。

11 月 27 日　星期五　晴

受訓

　　上午，研讀訓詞總理遺教六講內「物質建設之要義」，內容側重建國方略與國民經濟建設運動。上午，續開第三次討論會討論「反攻時期之財政金融政策」，今日為大綱之第三部分貨幣問題，第四部分銀行問題，中間且以半小時用於代表俞鴻鈞前來指導之張茲闓部長的演說，故討論實際所用時間並不充分，余輪次擔任紀錄，與周友端聯合為之，主席為葛之覃，處理尚有條理，至午尚未畢，決定於下午研閱資料時間內提出一小時以完成之，至時發言者忽不踴躍，事後數人分析乃係由於指導人員全未出席之故，然則發言之動機竟多為自我表現，此種心理殊不正確也，余於下午發言一次，主張省縣銀行不應廢止，認為過去省銀行雖發生若干弊端，但終屬瑕不掩瑜，且以中央銀行之組織與人事情形而論，欲一舉而將匪人民銀行取而代之，事實上亦絕不可能，至於市銀行則在通都大邑，金融業已經發達，不必再錦上添花矣，縣銀行則為地方無力籌設者，可以從闕，不必一律作硬性規定，又民營銀行、錢莊問題，凡在反攻時之尚存在者如不許存在豈非政府干涉之甚反過於匪黨，萬萬不可，應仍許存在，但如其時已失其存在而持舊牌照請求復業者，則一概不准，以免蹈抗戰勝利後為少數人維持權益及弄權自肥之覆轍云。下午本問題小組研究員討論結果之意見，對此有二種意見，一為將

各發言者之要點擇其為原討論大綱初步意見所無者分別插入，製成修正後之政策要點，備提最後一週舉行之復核討論會，將來根據討論結果再定方案，二為立即以方案方式將討論結果融會式取舍，提出最後之討論會，研究結果決定採第二方式，但討論時發言意見有正反兩面者，則於整理紀錄之時先行剔出，利用逐日研習之時間加以表決，以定取舍，而免將來再有爭論云。今日之討論會指導陣容並不堅強，張茲闓談貨幣問題多篇於書本，有時且故意獨出心裁，謂通貨膨脹一名辭應譯為鼓脹，謂後者之含意不致爆破，有如車胎之有伸縮性然，又謂通貨發行須適應生產數量、交易數量，且認為台灣生產與美援物資增加即當增加發行，但其開場白又謂通貨數量應包括活期支票存款交換在內，前後自陷矛盾而不自知，有謂其係因明年財政赤字無法彌補，有意受財政當局之嗾使，倡為膨脹有益之論，以遂其避重就輕之理財方針者，此說頗為可信，以台灣銀行董事長之身分，隨意發言，殊屬失當也。晚，院內請蔣經國主任報告訪美觀感，凡分社會、教育、軍事、軍人、中美關係等五段，將其所見所聞實事加以穿插貫通，歸納報告，詼諧百出，聽者大悅，其所報告極能發人深省之故事摘記如下：（1）最大電廠一廠發電力超過台灣全省三倍，某一兵工廠（民營）即用其四分之一，此發電廠之工人只有二百五十人，工業化程度之高，可見一斑。（2）心理作戰已甚注意，且設有新聞學校，假想敵之國籍人均有在內受訓者，以備戰事爆發之用。（3）通用汽車公司有股東四十餘萬，最多數為主婦，次為農

夫、律師、小學教師，其營業決策全由股東會決定，其
生產口號為互助合作，由於能了解並同情旁邊的人，此
語可以代表美國人之精神，美國人之教育亦從不主張只
求個人之完美。（4）對於國人或外人均有其和藹尊重
與友善之態度，表現於開會，交通，以及任何公共場
所。（5）勞資糾紛由委員會解決，不偏於一方，某店
員被革除後為表示抗議，竟胸前懸標語躑躅路上，警察
不加干涉。（6）工程人員不擔任生產事業之總經理。
（7）生產事業注意研究進步，多設有公共關係股、研
究發展股，出版書籍趨重於以少量篇幅容納豐富內容。
（8）人民興趣高張，坦白天真，不拘謹隱藏，當以某
工廠副總經理公然聲言願為總經理，及某美國人向其攻
擊某台灣美國人奪其女友兩事為例。（9）監獄待遇極
優，但因不甚自由，故仍不致使罪犯增加。（10）小
學教師責任心重，校內壁畫授兒童掌舵，用意至深。
（11）部隊精神教育同樣重視，尤其宗教儀式與禱詞為
其最重視之教程，五角大廈各參謀長之位置均面臨華盛
頓像。（12）競爭心強，但只說自己好，不說別人壞。
（13）某州長云，事之自承失敗者始為真失敗，此語頗
能代表正確之辦事態度。（14）報業鉅子何華德云，
責任者，周密的計劃後，即以全力去做，不計成敗之
謂也。（15）某軍官懸抗戰時在渝軍委會來賓證，熱
情至為感人。

11月28日　星期六　晴

受訓

　　上午，研讀訓詞「國民經濟建設運動」之意義及其實施，此篇要點多已見於日昨所談物質建設之要義一篇中，可見在規定篇目之時未見精選。上午，開始討論「反攻時期之糧食政策」三小時，有指導人員關吉玉氏之報告，甚拉雜零碎，討論時發言有獨到之見地者不多。以空餘時間整理目前所擔任之「反攻時期之財政金融政策」第三次紀錄，此次紀錄由余與周友端研究員二人擔任，決定分工合作，余擔任貨幣部分之整理，渠擔任銀行部分之整理及張茲闓報告之整理，均於今日完成，整理方式係將各研究員所述之發言條重閱一遍，隨即將要點摘記，抄入紀錄用紙，每人平均二、三行，共三頁即畢。下午舉行研究工作檢討會兩小時，發言者多指出研閱資料之時間不夠，故不能在建黨問題研究會所提之大綱以外提出更成熟之意見，又有指出分組討論對特殊問題固能深入，然於黨政軍聯合作戰之總目標似又未能兼顧，似應有共同問題綱領，此外即為若干技術問題，經倪文亞副主任分別說明，獨對於所謂共同綱領一事未有解答，會後據聞係此事在研究會時期已有提起，但說來重要，辦來不易，故始終未能提出云，今日會內又有教務組報告教育委員會決議案數事，較重要者為討論結果之整理方式，據報告所有各類大綱均由分組擔任之研究員製成方案，但原大綱名稱為「政策」者，則仍舊就原案加以修正或補助即為已足，不必另定，惟報告後李壽雍副主任又謂此點在經濟組未完全適用，容後日

再補行報告辦法，於是使人益有無所適從之感矣。一週來討論會中殊未見有何獨特之創見，參考少者就常識或直覺發言，參考多者則往往堆砌羅列，食而不化，又有報告實務經驗，意在矜炫，實不切題者，更有視台上有無要員在座而決定是否發言，發言時必帶有肉麻恭維之辭者，種種現象不一而足，討論會之訓練意義重於研究，實際上應考核更重於訓練也。

師友

下午到南陽街訪吳志道代表，不遇，留字於同住之林樹藝兄，請代付提名代表聯誼會經費三十元於吳兄，後日林兄回山，余當如數歸還。晚，蘇景泉兄來訪，閒談。

11 月 29 日　星期日　晴

業務

上午，到漢中街前事務所晤及魏盛村兄及郝清源律師，郝君即日移居於內江街四十四號租賃吳延環兄之房屋，魏君謂新房東今日可以付房款云。約華山運輸公司王基業君到漢中街第四建築合作社談其查帳工作進行情形，余催其速將與公賣局核對之運費帳目開出，余當根據製成報告書，又王君談及該案已由中人蔡金塗出面調解，其方式為將定期約同雙方會計師核算帳目，確定盈虧，以便作為和解金錢條件之張本，關於查帳地點及進行方式將於星期三晚余下山後約集商洽一切云。

家事

下午，到安東街省視姑母，因聞數日前患腹疾甚

劇，今日往探問，知病已痊愈，但體氣太虛，今日並與
新婚後之慧光表妹與隋錦堂君閒談，此為婚後之初次。

師友

　　訪冷剛鋒氏，因久未相晤，詢其現狀，與夏間無
異云。訪李祥麟兄，亦因數月未晤，特詢現況，其夫
人有長老教會木牌四方，計備掛四處，託余書寫，當
即寫就。

娛樂

　　晚與德芳到大世界觀影，為西部打武片「三雄喋
血」，彩色甚好，內容平平。

11月30日　星期一　雨

受訓

　　上午八時乘院車回山，十時半舉行總理紀念週，由
外交部葉公超部長繼續其第一週未竟之專題報告「國際
現勢與外交」，其要點在分析美蘇戰略之差異，大意謂
美國方面注重航空母艦（有29隻）與基地，俄則注重
潛艇與附庸國，潛艇目的為對付美國之基地補給與長程
轟炸機，補給問題美最困腦，以東南亞糧食而論，越南
固為產米區，然在越共之手者占百分之八十三，泰國不
如台灣，菲律賓每畝產量只及台灣之四分之一，能自給
而有餘者僅台灣耳，糧外為油，戰時運輸每噸須至少七
噸之護航，但受潛艇之威脅，故在台試探油礦，職是之
由，在外交方面，蘇以附庸主義對抗美之援外政策，大
致言之，蘇成而美敗，昔之帝國主義，英國最為開明，
然仍採愚民政策，所引起之反抗甚烈，蘇則由掌握知識

階級及滲透工作著手而掌握附庸國，其所扼者為心臟，美之援外則只知皮毛，所供往往非所需，且有時對基地國委曲求全，例如北非基地為地中海之要害，美恐喪失，而於摩洛哥、杜尼西亞等問題不得不支助法國以對抗弱小民族，又為作萬一有失之打算，不能不與西班牙結交，承認其所最痛恨之佛蘭歌政府，同時英國亦尚有其全世界拖泥帶水之殖民地，美亦因基地問題，不能不支持英國，於是美國不斷的為英、法在東南亞所行不義作護符，使弱小民族大為失望，美國將就英國之另一原因為美國向來透過英國以處理西歐，大西洋公約本為直接控制西歐之圖，益以杜勒斯西歐之行結果失敗，此外英、美均為工商業國家，重視貿易，美國艾森豪總統乃大公司出錢辦選舉而上台，為工商業之利益而以農產品或工業品援外，有時不顧對方之需要迫切，結果費力不討好，反之蘇聯則以軍火換附庸國之糧食，並控制其人事與政治等，美國無野心，不擇對象，甚至如印尼及緬甸與印度共黨勢力均極大，緩急之時，縱不投匪，亦將中立，美國援助此等國家，所謂非但無益而且害之矣，云云，所報告極零碎而拉雜，然亦甚有見地。下午，續討論「反攻時期之糧食政策」，余發言一次，提出二點，一為草案內對於收復區無田賦底冊時用「就地問糧」之方式徵收之，余指出此名辭乃大陸整理田賦土地陳報時之專用名辭，意指向佃戶處徵收錢糧，以賦抵租，收復後既無坵冊，如何問法，應配合戶政，作成草冊，就戶問糧，始可有濟，二為原草案有農業稅應維持原數累進制抑改為比例制，余認為此節為多餘的，應予

刪去，因收復初期絕無先行改制然後收稅之理，一切稅
收之固有者不問是否合理，應全部繼續採行，始可掌握
財源也云，今日討論前有湯惠蓀氏報告以米換米問題及
營養米、人造米等問題，甚為詳盡，最後並再度由關吉
玉氏報告以前辦理糧政之經驗，認為軍事上攻略糧源地
最關重要，糧政從業員之最重要關鍵尤在於首先做到
「軍公不餓」、「城市不亂」、「鄉民不死」之數項，
否則人心不定，糧政雖有千條妙計，亦將無由施為矣，
可謂經驗之談。晚，整理所任財政金融政策紀錄內之各
種不同意見，寫出要點，交本組召集人，備提全組表決
後，作為草擬方案所應採取之意見，並分配將來起草工
作，余與葛之覃周友端擔任金融部分。

師友

託田子敏兄代為出具保證書，以備呈送儲備登記之
用，渠已填好寄回經濟部用印。將已填好之儲備人員登
記表件先請在院受訓之銓敘部曹翼遠次長核閱一過。

12 月 1 日　星期二　晴

受訓

　　上午，研讀訓詞「土地國有的要義」，此篇在若干場合已讀過若干次，究有若干費解之處，蓋一則曰土地國有而民用，再則曰土地國有就是在土地國有的原則下允許私有制度，包括土地私有之存在，此二語在講演時自然不致自相矛盾，但讀時總覺不能完全脗合無間也。上午，研究室內研閱資料，並將土地政策與財政金融政策兩部分發言意見之不相一致者，由召集人一一提出表決，以多數意見作為起草政策與方案之依據，但此法總似囫圇吞棗，然在短時期內欲由辯論中求得一致之結論，又非事實所許，故表決之法實不得已而求其次也。下午開始討論「收復地區之農村復興方案」，此題目之含意過於廣泛，且多涉及經濟問題以外，故發言者多不著邊際，此項大綱係由張寶樹等二人起草，一人習水產，一人習工程，竟無對農業專精者，自多有閉門造車之處，例如在說明一段中謂籌集工業資金之法在糧食增產自然有理，但繼謂每人增產每年五市石，以四億五千萬人口計算，即可年盈糧食一億一千萬頓，值美金一百億元，起草人本人未到，在場其他輔導員無人能了解其算法，可見以前建黨研究會時期之集體作業中亦尚存有個人之恣意發揮處，實不相宜也。下午又排有歌詠節目半小時，由談修教唱兩歌，一為國父紀念歌，唱詞類似以前之總理紀念歌，而不盡相同，曲譜則全然相異，於是有人提出不妥之點，請停止教唱，繼又有人提出第二歌「領袖萬歲歌」之不妥處，於是課堂情緒大

為混亂，最後仍複習已學若干次之反共復國歌而下課，所謂第二歌者，乃談所製曲，何志浩作詞，何君本習軍旅，不知何以時常製歌詞發表，現亦正在此受訓，且擔任隊長，指摘者謂其中有句云「領袖是歷史的巨人」，大為不敬，因領袖尚健在，應改為世界的巨人，繼即亦有說明他詞亦有不妥者，但意見多集中此句，長久之後，何君起立說明其原作係「時代的巨人」，此係手民誤印云，會後據云何君當時慌忙無計應付，接受隔座同學之意見，始有此聲明，然更可見不肯坦白認錯，反更不易為人所諒矣。

12月2日　星期三　雨

受訓

上午，研讀訓詞「推行糧食土地政策的決心」，此為抗戰末期在重慶時之演講，目前多有失卻時間性之處。上午繼續討論「光復地區農村復興方案」，余發言一次，第一講本方案昨日雖已討論一次，然對於本問題應採之範圍，意見尚未一致，有主張以農業或農林漁牧為範圍者，有主張以農村經濟為範圍，顯已不限於農業者，亦有以農村之各方面問題為範圍，無論經濟、政治、文化、社會均一概在內者，此項問題應先有一致之見解而後可，余之見解認為應從最廣義，即一切農村問題均包括在內，現所依據之大綱即行採此觀點者，第二若採此觀點，則所提增加農村勞力一項應加列注意醫療衛生以維持人口之數量與質量一項，第三對於偽農協村幹民兵分子之處理，原草案只重感化安定，未將立功一

項定入，實為疏忽，因非此不足以堅定其信心也云，關於範圍問題，余提出後即展開討論，意見不一，最後決定名稱仍為農村復興方案，在開端說明時寫明重點在於農村經濟，至於其他有關農村復興之問題則因其他各組大體上不免亦有討論，故只備一格云。下午研閱資料，提早於四時休假。

師友

下山之時因尚未屆休假之時，院車未開，乃隨同學修城之私車下山，同車尚有郝遇林兄，郝兄寓同下車並借打電話，閒談時余詢以陳長興兄經渠介紹至利源化工廠管理會計一事之成就如何，據云陳兄要求以會計師名義代管會計，並要求供給眷屬宿舍，工廠方面對此或有勉強，故尚在躊躇不決云。晚，蘇景泉兄來訪，探詢受訓情形。晚，楊天毅兄來訪，據談其所營之振中印刷廠自歸債權人自由青年秉承中央黨部第五組接管後，只有虧累，而渠以前曾借姚公凱一部分器材為中央黨部一併接管，姚到法院控告，中央委託江一平律師處理，楊兄運用江之立法院同事數人接洽請其出面調解，又曾託吳延環兄與正同在受訓之第五組經辦此案人姚舜洽詢意見，吳兄不易晤面，託余便中一詢。余因譯作「史達林之生與死」又經美國新聞處退回原稿，謂限於預算，不能協助印行，余即就便託楊天毅兄持稿於中央日報、新生報友人處接洽，或各報自行，或代為介紹他處。

12月3日　星期四　雨

受訓

上午，因院車設備不佳，天雨漏水，乃改搭立法院交通車回山。今日終日討論「反攻時期之工商交通政策」，已完成工業與商業貿易兩部分，余上、下午各發言一次，上午發言對於將來工業之國營與民營一節表示意見，原草案所列國營範圍極廣，余不以為然，其理由：一為七全大會所定政綱，以工業之有國防秘密及獨占性者歸於國營，今後範圍不可逾此，二為目前之台灣公營事業合乎理想者極少，可謂為前車之鑑，三為反攻大陸財用浩繁，設再擴充國營事業，難免負擔太重而招致通貨膨脹，如能儘量開放民營，且可收回發出之籌碼。下午發言對於當前之台灣外匯措施提出檢討，認為目前台灣國際貿易政策以外匯政策為主、貿易政策為副，本末倒置，而外匯政策則一味無視外匯市價只採釘住之結匯證價，與市價距離日遠，出口等於捐獻一部分，進口等於津貼，於是進口業成為特殊利益集團，此項政策必須改正，此種觀念尤應祛除云，其他發言者亦有響應余之見地，認為外匯應次於貿易政策者，可見持論不孤，今日下午討論情形甚為熱烈，有數項情形可記：（一）談及反攻後對大陸現有工業人才之處理，有人認為此等人有前資源委員會之若干靠攏分子，乃國家之罪人，只可一時利用，不可作長久之計，於是有人為其辯護，認為當初不能撤退係由於缺乏路費者，反對者則大不為然，於是引起甚為興奮之辯論；（二）談及進口外匯管制之不合理，既得利益集團之操縱把持，有葛

之覃同學對於官商勾結分肥自私之現象提出抨擊，葛君
快人快語，甚至謂如此等盤據要津者不能掃除，則即討
論三十年，任何良法美意，均將於事無濟，其所謂官商
勾結，在座者固屬此中有人呼之欲出，其中有人報告南
韓與菲律賓管制外匯一樣貪污，甚至謂商人進衙門均懷
帶鈔票按人打點，固在暴露現實，亦在掩飾台灣之尚不
至此也；（三）談及當前管理外匯機關之多，有所謂一
行二局三廳四科五組六會者，實所未之前聞，余所能猜
中者，只台灣銀行與中央信託局及物資局，其他十八個
單位，則不知之，然既有此口訣，可見必確有所指也。
晚間繼續研閱有關資料。

12月4日　星期五　雨

受訓

　　上午，繼續討論「反攻時期工商交通政策」，今日
為交通部分，首由指導人凌鴻勛說明並發揮其對於交通
政策之見解，然後討論，最後仍由凌氏作一總結，其所
述辦法為大綱所未列者，即隨軍修復鐵道之計劃，擬
以五百公里為一單元，照此單元計算應需器材與人工，
復按各種職工之屬性制定若干手冊，動工時即行分發，
不必費時間於冗長之討論或公文之往返，又關於吸引外
資一節，渠以為政治性借款之時代已成過去，除美援而
外，大陸撤守前之透過中國銀行借用外債一法仍可傲行
云，此問題討論不熱烈，大綱亦復瑣碎不堪，而參考資
料亦未發出，故有草草了事之情形。下午，召集人報告
將來六組混合編組，全部卅七題一一再作討論，須各認

出外參加之組，余認定政治組。下週為集體作業，今日由財政金融召集人毛松年約談，分配起草方案擔任之部分，余見貨幣、銀行兩部門均已被認，乃認主計、審計與公庫制度一題。今日討論交通問題時，余未發言。

集會

晚，舉行小組會議，討論「如何開好小組會議」，余書面發言，主張自最上級同志參加小組訓練，又對於台灣所吸收之黨員應有充分訓練以矯正其對民眾之優越感。

娛樂

晚，院內康樂室演電影，除新聞片四部外，為「妙爸爸」（Cheaper by the Dozen），故事為一實事，寫一對夫婦撫養管理十二個子女之方法，極有趣味，搬家、開會、治病、跳舞諸場均笑話百出，滑稽突梯，但有為電影畫面所不見者，正不知歷盡若干辛酸也。

集會（二）

今日小組會議時田子敏研究員提議請本院嘉獎第二宿舍事務員，余附和後加以說明，謂余見其服務精神充沛，指揮工友有方，無人時且自行在起居室掃拂灰塵，均屬難得。

12月5日　星期六

受訓

上午，研讀訓詞總裁對台灣省財政會議訓詞。上午，討論反攻時期之合作政策，只討論一次，余發言一次，對於合作政策之目標有所闡述，認為政府以啟發扶

助合作運動為任務，不應永以卵翼之方式一味以爭取特
權為務，在合作事業之經營方式上應澈底做到民主化，
主持者不應把持社務，更不應存倚賴思想云。下午研閱
資料，直至四時半始休假下山。分組討論之第一階段
今日已完全結束，六題中每題均尚留有一次待整理後
再提討論。

12 月 6 日　星期日　晴

業務

上午，到第四建築信用合作社候晤華山運輸公司王
基業君，將公賣局之運費帳目加以核對，實際渠本人亦
有調整之處，並約定星期三開始原被告會計師會同查
帳，但余告以此事仍應先將查帳報告送地院檢察處，至
於查帳則重在澈底樹立未來基礎，供和解條件之參考而
已，此事本可待余受訓完畢後再行進行，因對造不願等
待，故決定先行進行，但此事決非十天半月可以竣事，
王君希望余以助理人員前往參加云。

師友

上午訪鄒馨棣會計師探詢會計師公會近來之動態。
下午，訪童世荃兄，將探詢近來政黨提名代表聯誼會之
情形，不遇，留字告以余適接中央黨部來文，對於只能
列席一點極為堅持，備供該聯誼會同人參考。下午，
訪丁暄曾君，不遇，丁君旋來，決定待星期三日同往華
山運輸公司查帳，丁君又託余代為探詢可以用人之處。
晚，楊天毅兄來訪，閒談，對於前數日交渠接洽刊登之
「史達林之生與死」一稿，認為中央日報、新生報較為

困難，欲向中華日報及聯合報接洽，余認為完全相同，
並託楊兄全權代為作任何之處理云。

12月7日　星期一　雨
受訓

　　上午，乘院車回山，十時半舉行紀念週，約嚴家淦
部長報告美援運用問題，歷一小時半，所報告者極精簡
扼要，全無廢話，余均一一寫成紀錄。今日全日均為共
同作業之時間，所謂共同作業，指各組擔任某一題目之
數人分工合作以起草三週來討論之成果，備提最末一次
討論會得到全組之通過，以供混合編組後作為討論之張
本者，因為分工合作，故今日只能就所擔任之部分從事
進行，余擔任主計公庫與審計制度，以下午之全部時間
整理並蒐集有關此題之資料，俟成熟後始可動筆。在檢
討本問題時與現任台灣省府主計處長紀萬德同學交換意
見最多。中午，輪到與主任張羣、副主任倪文亞共餐，
事先接到通知，每次為六人，餐時閒談，由嚴部長今晨
報告起，而四年建設計畫，而北人南人之飲食區別等，
此為本期之新辦法。上星期六各研究員下山有較早者，
隊長何志浩竟向院當局報告，由此引起全體公憤，甚至
有主張以何口令及報告口齒不清及製作歌詞污衊領袖為
「歷史的巨人」而發動罷免者。

12月8日　星期二　雨
受訓

　　上午，讀有關合作事業之訓詞兩篇。上下午全部時

間用於共同作業，所謂共同作業即各組擔任各題之研究
員就其所任之題目將討論結果融會入討論前所發大綱內
之初步意見另寫成一個定型之文稿，其體裁為第一說
明，第二政策，第三方案，余為反攻時期財政金融政策
一題內六人之一，擔任公庫、主計、審計三制度部分，
上午寫成方案內之公庫部分，下午主計、審計部分，晚
間抄清，並作政策及說明，等於一種提綱，作成交之本
題執筆人即本題之召集人毛松年研究員從事彙總，余所
採之資料：一為討論大綱內之初步意見，二為本院以前
專題研究結論及其所定方案，三為行政院設計委員會與
審計部所定各項方案。晚，經濟組同人在陽明山服務處
聚餐。院內布告星期三、六非至四點五十分不得下山，
此布告為油印，每寢室一張，分發不久，引起評論甚
多，均認為院方不從管制汽車著手，反出此等刺激心理
之布告，深為不智，布告用紙為已經印過其他文件廢止
之反面，經學友中有人發覺以前所印即為調訓各研究員
之秘密名冊的下半段，雖不見姓名履歷等，但學號尚赫
然在，於是好事者按圖索驥，查出何許人何等評語，由
此而獲知者達數十人，余亦在內，其評語曰：「思想堅
定，秉性剛直，操守清廉，學有專攻，稍嫌褊急。」
課業分數 79，一般考核 81，平均分數八十分，下有
「乙」字，有謂係指體格者，聞分數均為七十五分以上
始獲調訓，而八十分以上者則屬絕少，又聞全體結業研
究員共五千餘人，七十五分以上者二千餘人云。

12月9日　星期三　陰

業務

　　請假下山為華山運輸公司辦理查帳，地點在該倉庫內，原告聘之王會計師熙宗亦參加，原告代表為李太山，被告王基業參加，余同丁暄曾君前往，上午商定查帳方式，決定辦法為澈底整理，重辦決算，下午本擬據其公司已有之表格對總帳，但表未到，以致不果，同時原告謝桐榮又來謂查帳不能妨礙其訟事，余告以非余等所問，應由彼等當事人自決，且二事實亦互不相妨，余所不解者何以原告方面猶不能有一致之行動。

師友

　　下午，訪侯銘恩兄，閒談王慕堂兄在越南情形。訪張中寧兄。應林樹藝兄約晚飯。

12月10日　星期四　雨

受訓

　　上午，乘院車回山。日昨交卷之主計、公庫、審計方案說明部分過簡，依召集人毛松年之意，再加說明，將如何討論及如何採擇原討論大綱初步意見之處，分別提出，當即照辦，並予補抄。下午及晚間由陶希聖氏作民生主義育樂兩篇補述要旨之第二次演講共四小時，與上次所講綱要相同，而內容則避免重複，反因之降低趣味，氏對於首段之社會史觀的方法一段，謂可因聽眾之水準、職業等項而隨時隨地作不同之發揮，不必定照一致之內容，渠今日即與前次所舉者有所不同，余大體均作記錄，綜合陶氏之所講，雖未必無可商榷之處，然

好學深思，新穎可喜，本黨積學之士恐無出其右者，今日陶氏因同時作錄音灌片關係，較少發揮，據報告希望有一、二十同學在結業後發願作演講宣傳工作云。今日之演講通告時本謂自由參加，各共同作業執筆人可不參加，但除少數人皆不參加外，餘有百分之八、九十參加，其實出於被動者亦甚多，陶氏最後謂今日來聽講者之多出乎意料，甚表興奮，此項說詞，極收心理效果。

12 月 11 日　星期五　雨

受訓

　　今日下午開始最後一次之分組討論，今日為「土地政策與土地處理方案」，此項政策方案即各擔任起草之小組研究員所提出者，其方式將俟此次討論修正後再行印發全體作為集體討論之依據，今日討論之情形，因係初次，方式上尚未就緒，故上半段用於咬文嚼字之時間為最多，且有時採用表決方法，所得結果，實際上似是而非，下半時則又發言者忽然斂迹，致使草草了事，均可謂失之不均，今日出席指導者有李壽雍、鮑德澂、劉道元等，亦均參加討論發言或說明解釋，余發言一次，認為原草案對於天然資源地主張收歸國有，係應指未經營之素地狀態而言，認為此條文字不妥者如就此點著眼，當可不致再有歧見，如為避免誤會或在土地二字之下即加以資源二字，亦無不可也云。

娛樂

　　晚，舉行第五次晚會，由五十軍劇團演平劇，首為柳慶利等之古城會，平平，次為武家坡大登殿，李翠紅

飾王寶釧，武家坡做工太壞，身段水袖較佳，大登殿一段二六則佳，最後為婉莉之盤絲洞，唱做均佳，似為一久有經驗之伶人，配角小生亦佳，十時半散。

12月12日　星期六　晴

受訓

上午，分組討論題目為整理後之「糧食政策與方案」，主稿者汪元，合作者另有三人，但汪君報告係其一人作品，頗引起一般之詫異與反感，又渠在討論之時往往以解答方式答復發言者，亦有違討論之程序，極欠考慮，今日討論中對於草案發言修改者極多，尤其對於全面配售問題，意見相反者數人爭論極烈。下午舉行研究工作座談會，由倪文亞副主任報告最近教育方面之決定，結業報告本已請免者現決定仍須寫作云。一小時散會，下山。

瑣記

院內勵志社第二次文虎推敲徵答，余應徵，今日揭曉，得第二名，獎品牙膏、毛巾、信箋、信封各一品，原題及答案如下：文虎：「航空信標誌一枚黏貼」，本期研究員一、縣名一，高信、高郵，余中；「令郎出征」，詩經一，君子于役，余中；「席地談天」，四書一，位卑而言高，余誤；「屏小人」，中藥一，使君子，余缺；「天地四方」，縣名一，六合，余中；「子壻」，曲牌一，一半兒，余缺；「貨無悖入者」，時人，錢公秉，余中；「神交」，六才一，夢裡成雙覺後單，余缺；「憶」，成語一，一心一意，余中；「蘸著

些兒」，詩經一，薄汙我私，余缺；「嫵如京兆慵描婦」，曲牌一，懶畫眉，余缺；「夏行冬令」，平劇名一，六月雪，余中；「瀛洲學士賦登高」，韻目一，十八嘯，余缺；「白香山五十華誕」，成語一，樂天知命，余中；「閩」，詩經一，無以下體，余缺；「函授學校」，三字經一，卷簾格，習相遠，余中。推敲：夜燭催詩金爐落，（余誤秉，餘字為紅刻畫），翠黛紅裙馬上謳，（余誤歌，餘字為吟題愁），且隨香草附離經，（余誤芳，餘字為春汀勁），梅梢春色弄激和，（余誤露，餘字為漾釀感），羯鼓樓高挂夕陽，（余誤入，餘字為映射盪），帶雨牽風柳態妖，（余誤嬈，餘字為嬌輕佻），簾前柳絮驚春曉，（余誤飛，餘字為飄舞飄），小軒臨水為花開，（余誤君，餘字為卿荷梅），坐老青山無垢氛，（余誤擁，餘字為對問玩），卻卷波瀾入小詩，（余中，餘字為池詞毫箋）。以上十則余僅中一則，諒係不解平仄之故。

采風

居陽明山已月半，四圍山色，鳴泉潺潺，空氣清新，得未曾有，惟冬季雨多，如今日之陽光普照者，十日中難得有一，雨中有時亦有太陽臨空，或且長虹直貫庭前，則又恍如置身天上矣，院內溫泉無數，最佳者為陽明山莊樓下一所，每日沐浴，身心日見強健。

12 月 13 日　星期日　晴

業務

上午，丁暄曾君來談數日來在華山運輸公司查帳經

過，謂當事人及對方會計師甚少同來，余即囑丁君往訪
當事人王基業君約其來晤，下午五時王君來，余因法院
催提查帳報告，主其速將有關資料交來，以便草擬，
渠仍思拖延，余再三以為不可，最後決定渠將有關資料
之已有者今日交余參考開始工作，明晨彼取回補充，後
日再行交余，預定在一週內將報告完成，並先行申復法
院。晚，開始作準備草擬報告書之工作，將王君對於原
告所指摘各點之說明再閱一次，並將對方會計師所擬報
告書與其原告所控告者加以核對，摘出同異之點，其相
異者待交丁暄曾君檢查帳冊記載情形，相同者前已閱過
帳冊，只待加入報告即可，此工作深夜始竟，同時草擬
致法院公文，由紹南繕正待發。

師友

　　魏盛村君來訪，報告合作社賣房手續已辦完。李德
民君來訪，託為函介崔唯吾先生探詢中央銀行有無添人
事。章平律師來訪，詢王基業案處理情形。蘇景全兄來
訪，探詢陽明山莊第二期調訓情形。隋玠夫兄來訪，閒
談，並送來本月七日止之利息。

12月14日　星期一　晴

受訓

　　上午乘院車回山，紀念週由俞鴻鈞氏報告已成立數
月之經濟安定委員會之工作，完全談官方之工作報告，
並無特殊之處，歷一小時即竟。下午，舉行財政金融政
策最後一次分組討論，由余主席，進行將近一小時，發
生事實上之困難，緣所印方案午飯後始發出，而文字特

別冗長，共達三萬至四萬字，無人曾詳細看過，無法
發言，遂臨時決定今日下午先行研閱，改以明日下午
之同一時間研閱資料改為繼續討論，實際能閱完者恐
無其人。

12月15日　星期二　晴

受訓

　　上午，讀訓詞「最高經濟委員會的任務」，為抗戰
勝利時之演講，其中已暗示若干難以完成之任務，為今
日大局逆轉之先聲也。上午，討論「光復地區農村復興
方案」，因範圍縮小，三小時之時間甚為從容，余發
言一次，係對於其中建立農林行政機構之一點，原文係
用論說體，與其他全部用條目式者不同，余為之列出四
點，中央設農林部，省設農林廳，在未設前由經濟部及
建設廳暫辦，至農村復興委員會等臨時性之機構則須充
分與正式機關配合，以免重複或脫節。下午，討論「反
攻時期財政金融政策」，今日係因昨日資料發出太晚，
全體無從預備，遂延至今日討論，仍由余主席，此文件
共分六個方案，上半時討論三個，發言者不甚踴躍，恐
仍因未能使全體看完或了解之故，乃照指導人李壽雍氏
之意見，改行討論體裁，以便重行整理，提出集體討
論，至於集體討論之時間，本定為星期六，因時間不
及，正商洽教務組改為下星期，在討論體裁之中，發言
者頓時加多，因今日之方案即因體裁不妥而起也，中間
休息後，由指導人嚴家淦部長報告其對於本文件之意
見，歷一小時餘始竟，以所餘十餘分鐘討論另三個方

案，實際等於並未討論，幸此事早有安排，於晚間由起草人六人及輔導委員三人共商辦法，余主張將方案獨立，分別裝訂，其中所夾雜之政策部分一律剔出，彙總重寫一整個之政策，作為集體討論之根本，方案則只作附件，此意見大體被接受，惟少數人尚一味自我欣賞，只願維持其本人者不動，不顧共同作業之為何事，殊不正確耳。集體討論開始之時間已決定延至下星期一，上項修正案後日完成。

業務

　　中午，華山運輸公司王基業來山送其對王熙宗會計師報告之答辯書，以備參考。

12月16日　星期三　晴

受訓

　　晨，研讀訓詞「總理遺教六講」第五講社會建設。全日討論「交通及工商政策」，上午為工商部分，下午為交通部分，上午指導人員為張茲闓，下午為凌鴻勛，余上午發言一次，對於商業部分所用「商標登記」字樣改為「商標註冊」，並將推行商業會計法一項末段之本為「以健全稅收基礎」者改為「以健全工商業之管理並建立合理稅課之基礎」。今日會場情緒頗多機動，一由於發言之態度，一由於昨日大題所分配之時間為半天，今日只有政策而無方案者反為一天，輕重之間顯失其平。五時起休假下山。

業務

　　日間將華山運輸公司控訴侵占案之查帳報告書完成

初稿，行文次序完全依照王會計師熙宗之查帳報告，把
握重點，其零碎事項將認為不負刑事上之責任而不予詳
評，晚間王基業君來持帳，余將有關帳項再加檢查，除
尚有數筆待由丁暄曾君明日再加檢查外，經再度核閱，
即行定稿，並交王君洽閱，再持赴其代理律師處徵求意
見，言明至遲須於星期六日以前將稿送回以便發繕。

12 月 17 日　星期四　雨

受訓

　　上午，研讀訓詞後研閱資料。下午分組討論最後一
次「反攻時期合作政策」，余發言二次，第一次表示兩
點，一為方案內對於消費合作社應作為重點之一而加以
列舉，二為在行軍時期合作社之資負表不能報地方政
府，應報軍事戰地當局所配屬之合作主管，第二次亦表
示兩點，一為合作社登記應明定由縣市政府辦理，目前
所定之權在省方、責在縣市之辦法絕不可取，二為信用
合作社決不應硬性規定為社員應負無限責任，此與發展
合作事業之宗旨不符，且道理上亦不相符，此點據起草
人解釋為輔導委員常文熙所堅決主張者，經常君發言解
釋，為意在加重合作之人的成分，理由極為牽強。晚，
將上週所擬之「反攻時期公庫主計審計制度實施方案」
重加審訂，將政策部分併入說明之內，以便作為「財政
金融政策」之附件。分組討論至今日全部完畢。

12月18日　星期五　雨

受訓

今日開始集體討論，所謂集體討論，係將各組之研究員各分成六部分，混合重新組成六個新組，將原有六組專題卅七個均須一一討論完畢，故毋寧稱為混合討論之為愈也，今日上午題目為「科學管理方法」，而大綱所定多為行政制度與現有人事、財務等法令之複述，文不對題，余發言一次，主張將涉及制度部分及財務部分刪去，文書、事務兩部分比較切題，但又失之瑣碎，應刪繁留簡，而補充其重要事項，此項制度之草擬，近於抄襲，太不切要，嚴格言之，須整個重寫也。下午為討論人事制度與政策，大體平妥，亦極扼要。

集會

晚，舉行小組會議，討論「怎樣吸收新黨員」，各各發言，余亦發言一次，認為目前吸收新黨員工作應注意將來台灣基礎之建立，而特別注意台灣民眾，於此有應注意者三，一為黨對於黨員之應徵者，應使知黨對黨員並不忽視，不可存可有可無之態度，黨不應只為紀律之結合，尚應為感情之結合，二為台籍人士入黨者不可使存特殊階級之觀念，與民眾隔閡，三為供台籍新黨員閱讀之讀物尚屬太少，應予補充云。

娛樂

晚，舉行晚會，演電影「大海狂濤」，極為驚險，開始前有報告手錶在夾克內失落者，俄頃發覺係他人同掛一處之夾克內被其誤放，頗有不歡，此等事不應著痕跡也。

12 月 19 日　星期六　晴有陣雨
受訓

　　上午，討論「戰區軍政最高機構之研究」余發言一次，為對於戰區政務委員會之建制，原集體討論稿定為十三個部會，余認為太多，認為應簡縮為七、八個單位，其中且包括監察、司法兩方面之機構。下午，分組舉行生活檢討會，余發言一次，主張應訂定院外生活公約，其中有一重要事項必須加以規定，即鍛鍊體格，余到院後隨樂幹學長所習之金剛靜坐法頗有心得云。

聽講

　　晚，率紹南到淡江英專聽徐佛觀演講「中國文化之底力及其難題」，徐氏為提倡儒學者，故通篇所引以孟子論語為最多，綜合所講，在闡揚孔孟以至程朱陸王之心學，在認定中國文化精神為求人格之自覺，不假外求，故外在世界之完成待吾人之證實而始為真完成，但此種自覺因附物與慾求之殼，而衰沉不彰，氏對於胡適之之反對理學，大為抨擊，極為義正辭嚴，聽講者甚眾，禮堂為之充塞云。

12 月 20 日　星期日　晴
業務

　　上午，將華山運輸公司之查帳報告書經王基業君送請其代理律師後，由丁暄曾君繕正分訂三冊，即以二冊用印，由丁君送之王君，此事已告一段落，餘待澈底整理舊帳矣。

交際

中午在廣州街應虞克裕、馬兆奎兩兄之約午飯，在座皆政校第二期同學，同一席。

參觀

路過聯合國同志會，參觀其舉行之書畫展覽會，分中畫、西畫、金石雕塑、油畫等部分，最特殊者為書法部分，只有董作賓等三數人之作品，其中比較可看者只有宗孝忱之小篆，至於董之甲骨文有類野狐禪，張默君之爨寶子臨本，有類雕琢，王壯為之蘭亭序則失之纖巧，皆無足觀，至於攝影部分則頗多佳作，較為充實。

師友

上午，同戴仲玉、劉振鎧、梁興義三代表為津貼事訪主計處閔湘忱局長，不遇，留字致意。

閱讀

讀報有博山來禪師語錄云：「宗門中貴在心髓相符，不在門庭相紹，若實得其人，則見知聞知，後先一揆，絕而非絕，若不得其人，則乳添水而味薄，烏三寫而成馬，存豈真存？故寧不得人，勿授非器。不得人嗣，雖絕而道真，自無傷於大法。授非器嗣，雖存而道傷。」

師友（二）

楊天毅兄來訪，謂「史達林之生與死」一稿，已請劉成幹兄外送，目標將為自由談月刊。

12 月 21 日　星期一　晴

受訓

　　上午紀念週，由院長報告分院第二期畢業及院本部在院研究員研究工作之應注意之點，並宣讀「警察之常識與任務」，今日參加者尚有各機關首長等，禮成後共同照相。下午，討論「反攻時期地方政權重建與推行地方自治方案」，余發言一次，對於區公所與區署之名稱前後所用不同，主張應予劃一，今日討論時只及重點未及方案，頗引起爭論。

瑣記

　　晚，在院國大代表交換意見，決定星期五年會之期請院內允予下山參加，年會後舉行聚餐，推唐仁民及余等三人籌備，此外又由梁興義報告昨日接洽受訓補助費情形。

12 月 22 日　星期二　雨

受訓

　　上午，讀訓詞「反共抗俄基本論」第一部分。上午討論題目為「反攻時期之司法制度」，下午討論題目為「反攻時期之僑務政策」，上午題目有指導員張慶楨作講評，對親屬法似極熟習。下午指導員鄭彥棻自謂對僑務只做到熱鬧並無貢獻，措辭甚為得體。

閱讀

　　閱讀報紙見有摘錄費海華與胡東谷書云：「今日事勢，學士大夫無人不皇皇作衣食計，非天下之細故也」，楊雪橋云：「此憂世語，非憂貧語」，可謂今

日之寫照。

12月23日　星期三　雨

受訓

　　上午，研讀訓詞「反共抗俄基本論」第二部分。上午討論題目為「黨的戰略與戰術」，意見甚為龐雜，而原起草人所用術語與文字又皆由共產黨抄襲而來，通篇為辯論法的白話文，甚有按字數排比，縱橫相同如豆腐乾者，又多強湊或堆砌之弊，引起甚多之批評，聞其他各組討論時有根本予以否決主張重新擬定者。下午討輪題目為「黨的組織及發展」，此項草案比較平安，余發言時主張原草案所完全省略之區分部一級仍應補入，因黨章有規定，事實有需要，至於如何確定其運用之各種方式與組織之各種類型，則應分別在方案內加以規定，並以廓清現在對區分部之不正確或模糊觀念。

師友

　　中午，國大代表同人商談後日集體下山出席年會之各項有關事項。晚，在寓約同時受訓各同學王建今、林樹藝、吳望伋、王秀春、金平歐、高登海等同學吃飯，均到，只有方青儒兄一人未到，所談皆受訓以來之觀感等。晚丁暄曾君來談華山運輸公司查帳情形。

12月24日　星期四　雨

受訓

　　九時回院，上午討論題目為「黨的幹部政策與人事制度」，余未發言。下午討論題目為「黨的領導」，此

篇完全為白話文體，不僅列舉綱目，行文有類似共產黨之處，但尚無不可卒讀之弊，是一進步，余發言一次，指出其中有一段認為對於黨員為工作傷殘應由黨負責其生活，但對一般黨員則絕不應顧其生活，另一段則又認為對黨員之工作領導須注意安置其職業，不無矛盾，認為前者矯枉過正，應予刪去，又有一段認為只須能洞悉缺點，即必能治療此缺點，此種說話與事實大相逕庭，亦主張應予刪去。午飯後輪到張主任羣之接見談話，自十二時四十五分至一時，凡十五分鐘，每人皆同，其發問皆家常式，表現親切之態度，因事先已先將資料看過，故所問皆極貼切，依照規定談後須寫發言條，並將建議事項寫成書面，余即於事後辦妥，原文於下：主任接見時答詢要點：一、墉一向在金融界服務，來台後與俞主席曾晤一兩次，與楊綿仲氏常相過從；二、生活費除國大代表待遇外，為以執行會計師業務收入彌補不足之數；三、會計師、律師近年人數太多，良莠不齊，不正當之競爭因而日烈，對社會頗多不良影響；四、聯合作戰研究班實施情形認為極佳，但亦略有認為尚可更求精進之處（附建議）。建議事項二件：（一）關於第二階段教育之課務內容者：一、第二期討論題目似可略減，以第一期之半數為度，俾時間較為充分，由廣泛而改向深入，第三期則另以其餘之半數為題材；二、各題分量輕重力求其勻稱，不能劃分者則支配較長之討論時間，不必過於一律；三、集體討論移在分組討論以前舉行，可收由博趨約之效，但輔導委員之參加甚關重要，為免時間衝突，不妨各組交錯，又為使發言機會不致減

少，似仍以目前之支配方式為宜，不必全體集中於大禮堂；四、研閱資料為最重要之預備工作，其時間應力求充分。（二）關於結業後繼續發揚研究成果者：一、欲使受訓研究員能把握並發揚研究之成果，結業後之指導似較在院時為更重要，因在院時短，離院日長，設不能經常在日新又新之中，則德業不修，學業不進，一兩年之後，受訓時之所得必將消逝於無形；二、結業後之具體指導工作，除以過去已編組之研究小組作為共同生活之單位外，尤應將院長新頒訓詞隨時印發研讀，並指定在所服務之機關就其所經辦或所觀察之具體業務按期寫成報告，檢討得失，送院審核；三、上項報告應絕對避免以官方文字敷衍塞責，本院接到後專人審查，並將有重要性之問題提出各研究組隨時融會於有關題目之中，使各項題目之內容更豐富，更切實，且隨時補充有時間性之資料；四、研究員結業後無實際業務者，最易涉於空泛，難以把握實際（例如國民大會代表），此為本院一大損失，似應由院介紹至各行政及事業機關，給以名義，從事研究、觀察、報告，毋庸支給待遇，各機關應無拒絕之理由。」此項建議係照規定用發言條寫清，封送張主任羣親啟云。

12月25日　星期五　晴

集會

上午，在院受訓國大代表十餘人全體乘車赴中山堂出席聯誼會年會，先赴浦城街國大秘書處支領各費，然後至會場，上午為陳誠院長報告，中午山東代表聚餐，

飯後與高注東、李滌生在中山堂前朝風咖啡館休息，下
午討論提案，並聽蔣總統致詞後回山。

師友

上午，訪隋玠夫兄於合作金庫，請代存一千元於該
庫，以補足第一次送存時之總數。

娛樂

晚，在院參加晚會，由中國實驗劇社演喜劇「恭
喜發財」，男主角最成功，劇本則雖為宣傳劇，然文
藝氣氛甚濃，以「李瑜」與「鯉魚」諧音所製造笑料，
極見智巧。

12 月 26 日　星期六　晴

受訓

上午研讀訓詞「反共抗俄基本論」第三部分，至全
部為止。上午討論題目為反攻時期土地政策與反攻時期
糧食政策，每題只有一小時半，宣讀及說明要點之時間
甚長，而討論時之所占時間甚短，故實際不過等於走馬
看花而已。下午，全體在大禮堂討論黨政軍聯合作戰綱
領，先由陶副主任希聖說明起草之要點，歷一小時，十
分詳盡而深刻，報告畢開始討論，尚未入本題，只將討
論方式交換意見，決定下星期開始討論，採分組方式，
其組係第一階段之經濟分組，與第二階段集體討論之混
合編組兩種，經表決採前者。

12月27日　星期日　晴

師友

今日友人來訪者有蘇景泉兄、李祥麟兄、逄化文兄等，逄化文兄係面告于仲崑之弟下月三日結婚，將合送禮品，李兄則因久未晤面，致久未通候，特來探詢受訓近況者。

業務

上午華山運輸公司王基業君來訪，謂余之報告已經送地方法院檢察處，並送來公費，尚保留一部分俟法院研究後再行清送云。丁暄曾君來報告華山整理帳目情形。

集會

晚，舉行革命實踐研究院魯青籍同學聯誼會於實踐堂，由李振清主席，楊君勸讀詞，石中峯報告，張主任岳軍報告院內情形，並聚餐演電影「金車換玉人」，十時返。

瑣記

利用假期整理居室，修補粉牆，換整疊席之布邊，並將地籠之木柱打緊。

12月28日　星期一　晴

受訓

上午，乘院車回山，車為向聯勤總部調用，行至半途，逐漸牛步化，有拋錨之勢，幸後開之兩部車追上，乃分乘此二車，到達時即已九時餘矣。十時半舉行紀念週，由蔣院長主持，研讀最近在國防大學與指揮參謀學

校所講之訓詞，關於孫子兵法之新解釋與戰爭藝術化之
意義，此篇內容甚豐富，須細讀始能完全了解。下午，
集體討論題目有二，一為反攻時期財政金融政策，二為
光復地區農村復興方案，各一小時半，前半節課由余主
席，沈任遠紀錄，後半節反之，因討論時間甚短，故
辯論不多。晚間整理農村復興方案之紀錄，即交教務
組。晚舉行分組討論會，討論陶希聖氏所擬之黨政軍
聯合作戰綱領，余未發言，其他發言者確能高出原案
意見不多。

12 月 29 日　星期二　晴

受訓

　　上午，討論題目為反攻時期之工商交通政策與反攻
時期之合作政策，余發言一次，謂合作政策內仍列有
「兼營合作社之設有信用部者其參加之社員應負無限責
任」一節，於理不合，希望全刪。下午討論題目為反攻
時期之農民運動與反攻時期之勞工運動，此二方案均為
社會組之作品，內容空泛，余未發言。晚，舉行演習工
作座談會，由彭孟緝副主任報告演習意義與要點，陳誥
輔導委員報告注意事項，最後將進行選舉方面軍總司令
及黨務特派員，經決定不選，請院核派。

12 月 30 日　星期三　晴晚雨

受訓

　　今日討論題目為「反攻時期青年運動」、「光復地
區救濟復興方案」、「反攻時期婦女運動」及「反攻時

期本黨社會政策」等四項，因每題只有半天之半，將草
案讀過後即無多時間討論，故所引起之辯論不多，余全
日亦未發言，其他發言者亦不過隨抒所感耳。

娛樂

晚，舉行晚會，由鐵路局國劇社表演平劇，第一齣
為史振東演「送親演禮」，余初以為係探親家之別名，
至時始知非是，然仍同為描寫鄉間親家與城裡親家之相
見時的趣事者，實為低級趣味，第二齣為龐馮瑞玉演春
秋配，唱來極穩，雖嗓音略窄，然韻致不凡，第三齣為
關文蔚女士演「清官冊」，唱工極醇，審潘時之大段說
白亦琅琅如金石，精彩之至，三劇前臨時加入者有談吳
寶瑜清唱紅樓二尤等兩段，此為臨時準備者，然亦為全
場生色，計由八時演起，至十一時始畢，其中第一齣半
小時，第二齣一小時，第三齣一小時半，不帶夜審，未
免美中不足耳。

集會

晚，舉行小組會議一小時，題材係根據區分部所發
之改造社會風氣與政治風氣案，此案乃蔣院長根據中央
所接若干社會調查之結論，批交本院建黨問題研究會，
擬成解決辦法草案後交各小組討論者，各各發言，余
發言要點為對於原草案所擬之根絕貪污方法一點，原主
張係黨員檢舉貪污應由黨部交其上級機關從政同志會同
澈查一節，表示不可採行，因當前政治風氣，上級主管
無不袒護其下級主管者，採此方法之結果，檢舉人既不
能免於報復，被檢舉者反可在官官相護之力量下有恃無
恐，非全無結果，即變本加厲，故主張應向監察院檢

舉，監院為之保守秘密，俟查明後即公佈於報端，使有權予以處分之機構非予以澈底懲治不可云。

閱讀

讀「科學的內功」，此書係用現代術語闡述道家之術者，其要旨為說明神經運動法、內臟運動法，及內分泌逆流運動法之原理及方法，一、二兩法甚簡易，第三法則玄妙。

體質

自昨日起右上最後之臼齒斷折處齦肉作痛，有發炎之象，院內檢診所為配藥自今日午後服用，為每次消法大安淨三片附蘇打，已服二次。試體重為七十三公斤，較入院前體格檢查時之七十公斤計加重三公斤。每晨作「金剛靜坐法」半小時，已全可記憶。

12 月 31 日　星期四　晴

受訓

晨，讀訓詞為四十二年度施政之指示，年終回顧，饒有意義。上午，討論題目為「教育政策與實施」，此題目並另附三方案，一為民族精神教育方案，二為勞動教育方案，三為電化教育方案，均在三小時內加以討論，除教育政策與實施引起熱烈討論外，其餘皆屬一讀了事，余發言一次，提出四點，一曰中學教育似可採行五年一貫制，以另一年併入大學設預科，二為關於師範教育有所謂培養師範生終生服務之職志，余主改為終身服務之志趣，三為原草案有云大學研究應與生產企業機構之研究室相配合，應修正為應與文化事業企業等機構

之研究部門相配合，四為大學研究院成績優異者得授予碩士、博士學位，余主加員生二字，否則有語病，似乎指研究院本身而言矣，下午討論題目為「教育制度」與「文化運動」，只讀未討論，四時休假下山。

娛樂

晚，在台灣戲院觀影，片為拉娜透納主演之「拉丁情人」（Latin Lovers），描寫一美國富小姐至南美巴西旅行所發生之戀愛故事，輕鬆生動，為極佳之喜劇。

附錄

寫作目錄

收復區的財政政策	《鹽業通訊》、《實踐》
怎樣穩定幣值（譯）	《財政經濟月刊》
日本的土地改革（譯）	《新思潮月刊》
蘇聯新階級社會素描（譯）	
經由財政政策到充分就業之路（譯）	《稅務旬刊》
自由職業勞務報酬課徵印花稅之質疑	《稅務旬刊》
合作組織的幾個實際問題	
合作社稅捐徵免問題之今昔	
史達林之生與死（譯）	

發信表

日期	人名	地址	事由
1/12	王慕堂	西貢	通候
1/12	王祖奎	宜蘭	通候
1/22	王祖奎	宜蘭	詢查帳公費事
1/22	樊中天	宜蘭	託介紹農會業務
1/23	李學衍	雲林	託介紹農會業務
1/28	于兆龍	台中	七倉社解散事
1/28	李德民	基隆	其兄匯金事
2/11	王慕堂	西貢	通候
2/27	師範學院	本市	詢紹南投考分數
2/27	朱興良	台中	保單改章
2/27	馬超羣	桃園	農會會計顧問省縣均要
3/10	李德民	基隆	託余存款事
3/25	王慕堂	西貢	通候
3/25	夏忠羣	台南	請介紹鹽業通訊投稿
3/25	鍾斯	民聲電台	索馬太馬可福音
3/31	馬超羣	桃園	請介紹顧問
4/11	今日世界	香港	投稿
4/22	王保身	浦城街	投戰鬥青年稿
4/22	張中寧	溫州街	新中央催提存款
5/5	叢芳山	新店	為劉君土地銀行工作事
5/8	叢芳山	新店	為劉君土地銀行工作事
5/8	陳長興	新竹	紹南戶口事
5/23	馬超羣	桃園	農會顧問可於六月解決

日期	人名	地址	事由
5/23	冷剛鋒	安東街	約與王春芳晤面
5/23	陳長興	新竹	紹南報戶口照片二張
5/23	朱興良	台中	保證書、印鑑卡
5/26	王慕堂	西貢	通候
5/27	陳長興	新竹	請退紹南身分證
5/29	鄭邦琨	漢口街	投印花稅文稿
5/30	陳長興	新竹	紹南身分證已退回
5/31	陳長興	新竹	紹南身分證改正
5/31	陽明山莊	貴陽街	登記卡
6/6	王保身	浦城街	詢文稿情形
6/30	陳如一	貴陽街	有某期「實踐」學號有誤
7/6	鄭邦琨	漢口街	投「合作社稅務徵免問題」
7/6	陽明山莊	陽明山	登記卡
7/6	隋玉璽	漳州街	請來修屋
7/6	陳長興	新竹	慰風災
7/19	商務書館	重慶南路	請印自由日記
7/19	于文章	香港	請幫購泳衣、港衫
7/22	閻若珉	台中	請代紹南報名
7/22	陳長興	新竹	婉謝還債
7/22	王慕堂	西貢	詢近況
7/23	于文章	香港	託買日記本
7/25	閻若珉	台中	紹南報考作罷
7/27	閻若珉	台中	紹南下月擬赴台中
7/31	新聞天地	香港	投稿
8/4	閻若珉	台中	紹南中止赴農院應考
8/5	閻若珉	台中	幫還紹南報名費十八元
8/14	廖毅宏	台南	請詢工院事
8/20	廖毅宏	台南	唁喪母；請為紹南作保
8/20	陳長興	新竹	謝慰問水災
8/20	王德壄	二女中	託為于雅江設法入一女中
8/21	趙榮瑞	嘉義	索款息事
8/29	于兆龍	台中	請詢海軍官校備取生事
9/2	趙榮瑞	嘉義	利息可按月匯
9/2	區黨部	廈門街	請辭小組輔導委員
9/2	閻若珉	台中市	介紹劉振樺
9/3	于兆龍	台中市	謝代函海軍官校校長
9/3	朱興良	台中市	復閱「糧食專賣」方案意見
9/3	陽明山莊	貴陽街	填表九張
9/3	陳長興	新竹市	謝賀紹南升學錄取
9/6	閻若珉	台中市	請為劉振華設法補救
9/7	孫立國	鳳山	謝照應衍訓

日期	人名	地址	事由
9/17	蘇長庚	石牌	索還華南、豐原借款之件
9/18	唐昌晉	本市	史達林之生與死不是罵街作品
9/23	王慕堂	西貢	近況
9/23	劉桂	脾腹	復收到耕者有其田意見
9/30	李德民	基隆	七至九月息已交其侄取回
10/3	李槙林	鳳山	匯還衍訓借款 30 元
10/3	衍訓	澎湖	匯用費卅元
10/13	阮隆愈	三重埔	回力技術需合作否
10/13	秦亦文	屏東	提名代表出席問題
10/15	美國新聞處	香港	詢「史達林之生與死」能否印刷
10/15	友聯出版社	九龍	詢「史達林之生與死」能否印刷
10/17	趙榮瑞	嘉義	李德民款欲索回
10/19	陳長興	新竹	會計師公會大會情形，贈地方自治
10/19	區黨部	本市	小組長改選擬請他人代
10/23	市黨部	本市	請免參加講習
10/23	蕭新民	本市	不能參加 21 期聯誼晚會
10/27	魏盛村	台北	星期三晚辦公
10/27	彰化銀行	西門	借款請展期
10/27	王熙宗	台北	星期三晚辦公
10/30	蕭之楚	台北	丁誕尚無送禮者
11/2	蕭之楚	台北	丁誕請參加簽名
11/3	德芳	台北	明日下山先到友家晚飯
11/5	廖毅宏	台南	紀念中學事請洽逄化文
11/5	蘇景泉	台北	自述內容
11/10	成雲璈	台北	附趙季勳兄之證件
11/13	自來水廠	本市	請修止水栓
11/13	趙榮瑞	嘉義	催還李德民款
11/13	李德民	基隆	趙款已催還
11/13	朱興良	台中	謝贈彰化銀行月刊
11/14	彰化銀行	衡陽路	謝贈月刊
11/14	中央黨部	中山南路	復國大代表列席事
11/14	秦亦文	屏東	代表列席問題
11/16	魏盛村	台北市	招牌請暫勿動，其他物已整理
11/16	德芳	台北市	星期三有同鄉聚餐
11/16	李慶泉	台北市	索會計導報
11/19	張導民	台北市	研究小組請假
11/20	德芳	台北市	請王一臨代取文稿
11/20	王一臨	台北市	請王一臨代取文稿

日期	人名	地址	事由
11/22	王熙宗	本市	請催郭國基送查帳報告
11/22	李德民	基隆	轉趙榮瑞來信
11/23	于兆龍	台中	七倉社結束情形
11/23	李慶泉 何大忠	行政院	謝贈會計導報
11/23	陳石	財政部	催辦儲備登記證件
11/23	德芳	台北市	明晚有飯局，十二月薪請託人領
12/1	成雲璈	財政部	申謝代辦證件
12/10	趙榮瑞	嘉義	轉李德民信
12/10	鄭邦琨	漢口街	索回原稿
12/10	周自欽	重慶南路	詢某織布廠有無業務
12/13	崔唯吾	新店	介紹李德民往訪
12/14	台北地院 檢察處	台北	華山查帳報告一星期可提出
12/14	王慕堂	西貢	通候
12/17	劉日昇	台北	請秘書處先墊款 300 元
12/21	德芳	台北	週三請再約中寧晚飯
12/22	劉成幹 姚朋	新生報	投稿
12/22	張中寧	台北	星期三請晚飯
12/24	內政部	台北	送代表申報表

收支一覽表

月日	摘要	收入	支出
1/1	上年結存新台幣	18,950.00	
1/2	麵包、蝦米、榨菜、報刊		7.00
1/5	立法		5.00
1/6	牙刷		3.00
1/6	報刊		1.00
1/7	香蕉		2.50
1/8	零食		2.50
1/8	利息	292.50	
1/8	茶壺		11.00
1/8	肥皂、酵母片		12.00
1/8	餅乾、糖果		5.00
1/8	家用		250.00
1/9	黨費、點心		5.00
1/10	香蕉		2.00
1/12	餅乾		5.50
1/12	發信		1.00
1/13	稿紙		2.00
1/14	本月眷補費	100.00	
1/14	衍訓火食本月份		95.00
1/15	洗衣		2.00
1/15	山東漁農會開會車資	20.00	
1/15	汽車月票		24.00
1/28	理髮		5.00
1/28	書刊		0.50
1/28	雜用		2.50
	總計	19,362.50	443.50
	結存		18,919.00

月日	摘要	收入	支出
2/1	上月結存	18,919.00	
2/1	紹彭皮鞋		36.00
2/1	玩具、糖果		9.00
2/1	買菜		15.00
2/1	賣米 125.5 公斤 @1.95	245.00	
2/1	家用		150.00
2/2	車票		24.00
2/2	水果		2.50
2/3	本月生補費	200.00	
2/3	本月補生費	100.00	

月日	摘要	收入	支出
2/3	上半年保健費	300.00	
2/3	家用		500.00
2/3	修膠鞋		5.00
2/6	衍訓本月火食		95.00
2/7	利息	275.00	
2/7	家用		200.00
2/7	盤十個		11.00
2/7	衛生用品、書刊		6.00
2/9	奶粉		12.50
2/9	名片		18.00
2/9	麵包		3.00
2/9	黨費 1-2 月		4.00
2/9	麵粉二小袋 8 公斤		20.00
2/9	洗衣		3.00
2/12	牙刷、書刊		5.50
2/12	立達工廠公費	300.00	
2/12	家用		250.00
2/13	賞工役		50.00
2/21	基金會車費	20.00	
2/21	理髮		5.00
2/21	實踐聯誼會		10.00
2/22	利息	40.00	
2/22	皮夾		8.00
2/22	車票		24.00
2/22	糖五斤		10.00
2/24	黨費、書刊		3.50
	總計	20,399.00	1,480.00
	結存		18,819.00

月日	摘要	收入	支出
3/1	上月結存	18,919.00	
3/5	本月生補費	200.00	
3/5	本月補生費	100.00	
3/5	國大聯誼會捐款		5.00
3/5	水果、洗衣		5.00
3/5	家用		200.00
3/5	衍訓書費		55.00
3/5	衍訓火食		95.00
3/5	上月眷屬津貼	100.00	
3/6	新生報三－五月		31.50

月日	摘要	收入	支出
3/8	書刊		1.50
3/8	藥品尾數		5.00
3/10	利息	260.00	
3/10	家用		200.00
3/10	車票		24.00
3/10	郵票		10.00
3/10	香蕉、麵包		5.50
3/11	車錢、衛生用品		5.00
3/12	理髮		5.00
3/12	香蕉		3.00
3/16	紅十字會費		10.00
3/22	利息	30.00	
3/23	家用轉帳，三月來補數在內		1,500.00
3/23	新思潮稿費	700.00	
3/23	星期游碧潭		10.00
3/23	酒、桔子		9.00
3/24	家用		400.00
3/24	肥皂、藥皂、酵母片		48.00
3/24	糖		10.00
3/24	樟腦、布		20.00
3/24	奶粉		26.00
3/30	賣米 65 公斤	135.00	
3/30	收音機執照費		30.00
3/31	牙膏、皂盒		5.00
	總計	20,444.00	2,918.50
	結存		17,525.50

月日	摘要	收入	支出
4/1	上月結存	17,525.50	
4/4	基金會車費	20.00	
4/4	兒童節食品		6.00
4/6	水果		5.00
4/6	理髮		5.00
4/9	本月生補費	200.00	
4/9	本月補生費	100.00	
4/9	本月眷貼	100.00	
4/9	上半年子女教育費	300.00	
4/9	絲襪二雙		65.00
4/9	請客		60.00

月日	摘要	收入	支出
4/9	家用		600.00
4/9	上月新中央利息	265.00	
4/9	家用		250.00
4/9	衍訓本月火食		95.00
4/11	郵票		5.00
4/11	雜用		5.00
4/13	財政經濟月刊稿費	200.00	
4/13	肥皂四十塊		26.00
4/13	酵母片、抽線		29.00
4/14	利息	60.00	
4/14	奶水		94.00
4/15	車票		8.00
4/17	鹽業通訊稿費	170.00	
4/17	鄭樹欽公費半數	900.00	
4/17	餅乾		5.50
4/17	毛巾布		13.00
4/17	法帖三種		12.00
4/17	車票		24.00
4/17	書刊		3.00
4/17	洗衣、雜用		3.00
4/18	麥片半斤		3.00
4/19	繳清去年同學儲金		50.00
4/20	紹南車票		15.00
4/20	約友午飯		40.00
4/20	看電影		7.00
4/21	化粧品		45.00
4/21	美術照片		20.00
4/21	砂糖、蝦米		13.00
4/22	皮包		210.00
4/22	紹南書、刊物		12.00
4/22	點心		5.00
4/23	午飯		5.00
4/24	黨費、紙張、衛生用品		10.00
4/27	理髮		5.00
4/30	送蔡文彬移居鏡框		5.00
	總計	19,840.50	1,758.50
	結存		18,082.00

月日	摘要	收入	支出
5/1	上月結存	18,082.00	
5/2	與丁暄曾午飯		22.00
5/2	實踐堂晚會		10.00
5/2	車錢		3.00
5/2	頭油		6.00
5/2	糖果		1.00
5/3	洗衣		2.00
5/5	煙、刊物		3.50
5/6	本月生活費	300.00	
5/6	車票		24.00
5/6	紹南書及戶口		5.00
5/6	味粉		21.00
5/6	下女工資		200.00
5/7	利息	300.00	
5/7	衍訓火食		95.00
5/8	縫工		450.00
5/8	德芳鞋		80.00
5/8	發信、刊物		3.00
5/9	稅務月刊稿費	350.00	
5/9	肥皂 20 塊		13.00
5/9	酵母片、玻璃杯		17.00
5/9	電影票		7.00
5/9	書刊		6.00
5/9	家用		300.00
5/9	郵票		3.00
5/11	信封、報刊		2.00
5/11	衛生用品		8.00
5/13	墊黨團茶會		3200
5/14	利息	60.00	
5/15	馬麗珊喜儀		56.00
5/15	鞋油、修皮包、零食		8.50
5/15	基金會公費	1,000.00	
5/18	本月眷貼	100.00	
5/18	書刊		34.00
5/18	糖六斤		10.00
5/18	修皮包、今日世界、火車表		4.00
5/18	家用		50.00
5/20	花布一碼		10.00
5/21	漂布五碼半		30.00
5/21	理髮		5.00
5/26	家用		30.00

月日	摘要	收入	支出
5/26	稿紙		5.00
5/26	午飯、報刊		5.00
5/28	耕者有其田估價公費	1,000.00	
5/28	公會會費自去年七月至今年六月		120.00
5/28	家用		700.00
5/28	香煙、車錢		7.00
5/29	兩褲縫工		40.00
5/29	車票		24.00
5/29	衍訓車票、洗衣等		45.00
5/30	實踐堂捐款		40.00
5/30	送鏡框刷新及車錢		9.00
5/30	牙刷		3.00
	總計	21,192.00	2,549.00
	結存		18,643.00

月日	摘要	收入	支出
6/1	上月結存	18,643.00	
6/1	書刊、郵票		4.00
6/4	汗衫		5.50
6/5	本月生活費	300.00	
6/5	扣捐款		10.00
6/5	家用		150.00
6/5	奶粉五磅		111.00
6/5	新生報 6-8 月份		31.50
6/8	利息	90.00	
6/8	所得稅		3.00
6/9	理髮		5.00
6/9	煙		3.00
6/9	五、六兩月黨費		4.00
6/11	鄭樹欽公費	900.00	
6/11	樟腦二磅		28.00
6/11	書刊		4.00
6/11	紹南小字筆		6.00
6/11	香蕉三斤		4.00
6/12	長記續收團公費	1,000.00	
6/12	丁暄曾報酬		500.00
6/12	賞公役		50.00
6/12	書刊		10.00
6/12	酵母片、肥皂		20.00

月日	摘要	收入	支出
6/12	紅棗		5.50
6/13	奶粉六磅		124.00
6/13	漂布十碼		55.00
6/13	毛筆二枝		13.00
6/13	衍訓本月火食		95.00
6/13	衍訓車票、修鞋		35.00
6/13	話劇票		10.00
6/13	聖經二本		2.00
6/13	車錢		6.00
6/14	童車		80.00
6/14	汗衫一件		12.00
6/14	童衫四件		15.00
6/14	套鞋		22.00
6/14	紹中毛筆		4.00
6/14	兩日雜用		4.50
6/15	立達工廠公費	300.00	
6/15	賞錢		20.00
6/16	本月補生費	100.00	
6/16	本年下半年醫補費	350.00	
6/16	車票		24.00
6/16	家用		600.00
6/16	利息	60.00	
6/16	利息	20.00	
6/17	午食、書刊		6.50
6/18	紹南照片		24.00
6/18	布		4.00
6/18	午飯、買菜		10.00
6/20	午飯、買菜		5.00
6/20	稅務旬刊稿費	150.00	
6/20	書刊		20.00
6/20	拖鞋		5.00
6/20	家用		100.00
6/20	賣麵	200.00	
6/20	家用		200.00
6/22	衍訓照相		5.00
6/26	午飯、香蕉、書刊		10.00
6/29	肉鬆、香蕉		10.00
6/30	蔬果		12.00
6/30	定中國地方自治三個月		9.00
6/30	香蕉、花生		5.00
6/30	郵票		5.00

月日	摘要	收入	支出
6/30	鄭樹欽公費	500.00	
	總計	22,613.00	2,506.50
	結存		20,106.50

月日	摘要	收入	支出
7/1	上月結存	20,106.50	
7/1	家用		400.00
7/1	理髮		5.00
7/1	賣米 40 公斤	105.00	
7/1	公宴份金		40.00
7/1	家用		100.00
7/1	零用		1.50
7/2	書刊		2.00
7/3	牙刷		3.00
7/3	書刊		3.00
7/3	香蕉		3.00
7/3	預購合作思想史		2.00
7/4	同學聯誼會		10.00
7/5	郵票		2.00
7/5	車錢		3.00
7/5	香蕉		4.00
7/5	書刊		1.00
7/6	本月生活費	450.00	
7/6	補上月及五月增數	300.00	
7/6	本月眷屬津貼	100.00	
7/6	家用		700.00
7/7	汽車月票		24.00
7/7	肥皂、香皂、酵母片		56.00
7/7	所得稅		2.00
7/7	利息	80.00	
7/8	雜用		2.00
7/9	衍訓半月火食		60.00
7/9	衍訓報名費		54.00
7/9	衍訓車票		15.00
7/10	香蕉		3.00
7/11	租書		3.00
7/11	車錢		2.00
7/14	戶稅（去年下期）		15.60
7/14	茶葉		4.00
7/15	膠水		4.00

月日	摘要	收入	支出
7/15	茶盃		6.00
7/15	租書、水果		6.00
7/15	書刊		2.00
7/15	雜用		0.90
7/15	利息	60.00	
7/16	利息	40.00	
7/16	所得稅		2.00
7/17	書刊、租書		5.50
7/19	德芳汗衫		9.50
7/19	書刊、發信		5.00
7/20	租書		1.50
7/21	香蕉、豆豉		5.00
7/21	香煙、點心		7.50
7/23	修表		25.00
7/23	郵票		5.00
7/23	香蕉		3.50
7/23	零食等		3.50
7/23	理髮		5.00
7/24	黨費		2.00
7/24	捐款		2.00
7/25	看電影、車錢		10.50
7/26	租書		3.00
7/27	看電影		3.50
7/27	書刊		7.00
7/27	衍訓洗衣兩月		20.00
7/27	郵票		1.50
7/28	賣米 60 公斤	160.00	
7/28	奶粉六磅		120.00
7/28	車票		24.00
7/28	車錢、早點		3.00
7/31	郵票		7.00
7/31	租書		2.00
7/31	報刊		1.00
	總計	21,401.50	1,823.50
	結存		19,578.00

月日	摘要	收入	支出
8/1	上月結存	19,578.00	
8/1	車錢		3.00
8/4	本月生活費	450.00	
8/4	本月眷貼	100.00	
8/4	衍訓上月下半火食		60.00
8/4	衍訓學校紀念品		20.00
8/4	蚊香		34.00
8/4	政大校友會會費		10.00
8/4	國大代表扣捐費		5.00
8/4	報刊		1.00
8/4	家用		400.00
8/7	利息	130.00	
8/7	藥皂十塊		20.00
8/7	家用		100.00
8/7	書刊		2.00
8/8	稿紙		4.00
8/9	書刊		8.50
8/10	書刊		11.50
8/10	水泥		2.50
8/11	理髮		5.00
8/11	車錢		8.00
8/15	衍訓車錢		10.00
8/15	車票		24.00
8/15	借款印花及手續費		7.00
8/15	家用		850.00
8/17	衍訓上半月火食		60.00
8/17	衍訓投考照片火食等		16.00
8/17	茶盃三個		7.00
8/17	書刊		1.00
8/17	發信		2.00
8/20	衍訓理髮		4.00
8/22	紹中盃子		6.50
8/22	書刊		1.00
8/31	理髮		5.00
8/31	香蕉		4.00
8/31	利息支出及手續費		16.00
8/31	利息收入	40.00	
	總計	20,298.00	1,708.00
	結存		18,590.00

月日	摘要	收入	支出
9/1	上月結存	18,590.00	
9/2	新店來回		3.00
9/3	書刊、信封、麵包		8.50
9/3	賣米 55 公斤	150.00	
9/3	家用		150.00
9/3	吳世瑞等生用		2.00
9/5	本月生活費	450.00	
9/5	本月眷貼	100.00	
9/5	車票		24.00
9/5	公請徐銘九		27.50
9/5	家用		500.00
9/12	家用		500.00
9/21	立達工廠公費	300.00	
9/21	送禮力錢		20.00
9/21	賞工役		50.00
9/21	理髮		5.00
9/21	家用		200.00
9/22	十月份生活費	350.00	
9/22	紹南繳學費		90.00
9/22	食品		10.00
9/22	家用		250.00
9/22	書刊		2.00
9/23	郵票		4.00
9/26	觀劇		14.00
9/26	肥皂 30 塊、牙膏二支		30.00
9/26	醬油精三瓶		10.00
9/26	汽車票		24.00
9/26	紹南汗衣		6.00
9/26	紹中卡其布		56.00
9/26	利息	60.00	
9/27	書刊、水果		5.00
9/29	新生報 9-11 月		31.50
9/29	賣米九十公斤	225.00	
	總計	20,225.00	2,022.50
	結存		18,202.50

月日	摘要	收入	支出
10/1	上月結存	18,202.50	
10/2	奶粉三磅		46.50
10/2	書刊、紹南用		2.50
10/2	租書、紹中用		3.50
10/3	■衍訓鳳山、澎湖各半		60.00
10/3	洗衣、郵票		6.00
10/5	修鞋		8.00
10/5	書刊		1.00
10/7	車票		24.00
10/7	牙刷、毛筆		5.00
10/7	本月補生費	100.00	
10/7	本月眷貼	100.00	
10/7	家用		200.00
10/8	車費、戶籍謄本		8.00
10/9	租書		2.00
10/9	利息	100.00	
10/9	慧光表妹喜儀		400.00
10/9	家用		200.00
10/12	書刊、紹南布、租書		16.00
10/12	理髮		5.00
10/12	衛生用品		5.00
10/14	筆		3.00
10/19	王基業公費	900.00	
10/19	襯衣		62.00
10/19	牙膏		8.00
10/19	毛巾		8.00
10/19	九、十兩月電話與工資		110.00
10/19	汗衫		7.00
10/19	稅務法令三編		18.00
10/19	加印照片一打		6.00
10/19	表帶		17.00
10/21	家用		500.00
10/21	鞋		160.00
10/21	午飯、書刊		5.00
10/22	十一月份生活費	350.00	
10/22	家用		200.00
10/22	奶粉二磅		42.00
10/22	襪子一雙		20.00
10/22	汽車票		24.00
10/23	車錢等		5.00
10/25	汽車		10.00

月日	摘要	收入	支出
10/26	洗衣		20.00
10/29	祝壽禮等		10.00
10/30	衛生用品		4.00
10/30	牙刷		3.00
	總計	19,752.50	2,234.50
	結存		17,518.00

月日	摘要	收入	支出
11/1	上月結存	17,518.00	
11/1	賣米	150.00	
11/1	家用		100.00
11/1	鄭錫華喜儀		50.00
11/2	理髮		3.00
11/7	看電影、書刊		4.00
11/11	書刊、糖果、洗衣		2.50
11/13	本月補生費	100.00	
11/13	本月眷貼	100.00	
11/13	受訓補助費	200.00	
11/13	中國地方自治稿費	340.00	
11/13	上月利息	60.00	
11/14	合作金庫利息	75.00	
11/14	家用		850.00
11/14	郵票		1.00
11/17	預支聚餐費		10.00
11/17	洗衣		7.00
11/20	郵票		2.00
11/21	理髮		3.00
11/23	發信		2.00
11/26	十二月份生補費	350.00	
11/26	扣捐與補聚餐		10.00
11/26	車票、郵票		2.00
11/28	家用		300.00
11/28	聯誼會用費		30.00
11/28	書刊、車錢		4.00
11/28	電影、衛生用品		4.00
	總計	18,893.00	1,384.50
	結存		17,508.50

月日	摘要	收入	支出
12/1	上月結存	17,508.50	
12/9	本月補生費及眷貼	200.00	
12/9	家用		150.00
12/9	車票兩種		39.00
12/9	車錢		3.50
12/11	理髮		3.00
12/13	利息	70.00	
12/13	家用		50.00
12/20	拖鞋四雙		14.00
12/20	印照片		8.00
12/25	十一月生補費追加	467.00	
12/25	十二月生補費追加	467.00	
12/25	年會招待費	1,000.00	
12/25	本月眷補費	100.00	
12/25	下半年子女教育費	280.00	
12/25	預支明年一月份生補費	820.00	
12/25	前日宴客		300.00
12/25	家用		700.00
12/25	賀年片印工		25.00
12/25	同鄉聚餐		15.00
12/25	彰化銀行利息一個月 1,000@22‰		21.50
12/25	明信片一百張		20.00
12/25	郵票、車票等		4.50
12/26	小孩晚飯		11.00
12/27	聚餐		10.00
12/29	理髮		3.00
12/29	華山公司公費	1,000.00	
12/29	利息	60.00	
	總計	21,972.50	1,377.50
	本月結存		20,595.00

月日	摘要	收入	支出
12/31	年底結存	20,595.00	
12/31	房屋頂讓沖帳		9,000.00
12/31	楊天毅欠款沖銷		1,000.00
12/31	中美藥房呆帳沖銷		4,300.00
12/31	廖毅宏欠 US30 沖銷（又索款 200）		600.00
12/31	香港購用品 US30-HK200 補帳		665.00
	總計	20,595.00	15,565.00
	年底實存		5,030.00

吳墉祥簡要年表

1909 年	出生於山東省棲霞縣吳家村。
1914-1924 年	入私塾、煙台模範高等小學（11 歲別家）、私立先志中學。
1924 年	加入中國國民黨。
1927 年	入南京中央黨務學校。
1929 年	入中央政治學校（國立政治大學前身）財政系。
1933 年	大學畢業，任大學助教講師。
1937 年	任職安徽地方銀行。
1945 年	任山東省銀行總經理。
1947 年	任山東齊魯公司常務董事兼董事會秘書長。 當選第一屆棲霞國民大會代表。
1949 年 7 月	乘飛機赴台，眷屬則乘秋瑾輪抵台。
1949 年 9 月	與友協力營救煙台聯中校長張敏之。
1956 年	任美國援華機構安全分署高級稽核。
1965 年	任台達化學工業公司財務長。
1976 年	退休。
2000 年	逝世於台北。

民國日記 37

吳墉祥在台日記（1953）

The Diaries of Wu Yung-hsiang at Taiwan, 1953

原　　著　吳墉祥
主　　編　馬國安
總 編 輯　陳新林、呂芳上
執行編輯　林弘毅
封面設計　陳新林
排　　版　溫心忻

出　　版　　開源書局出版有限公司

香港金鐘夏愨道 18 號海富中心
1 座 26 樓 06 室
TEL：+852-35860995

民國歷史文化學社 有限公司

10646 台北市大安區羅斯福路三段
37 號 7 樓之 1
TEL：+886-2-2369-6912
FAX：+886-2-2369-6990

初版一刷　2020 年 7 月 31 日
定　　價　新台幣 400 元
　　　　　港　幣 105 元
　　　　　美　元　15 元
I S B N　978-986-99288-3-0
印　　刷　長達印刷有限公司
　　　　　台北市西園路二段 50 巷 4 弄 21 號
　　　　　TEL：+886-2-2304-0488

http://www.rchcs.com.tw

版權所有 · 翻印必究
如有破損、缺頁或裝訂錯誤
請寄回民國歷史文化學社有限公司更換

國家圖書館出版品預行編目 (CIP) 資料

吳墉祥在台日記 (1953) = The diaries of Wu Yung-
hsiang at Taiwan. 1953 / 吳墉祥原著 ; 馬國安主編 . --
初版 . -- 臺北市 : 民國歷史文化學社 , 2020.07

面 ; 公分

ISBN 978-986-99288-3-0(平裝)

1. 吳墉祥 2. 臺灣傳記 3. 臺灣史 4. 史料

783.3886　　　　　　　　　　　　109009979